産業心理臨床学の勧め ● 現代から未来へつなぐ

森下高治 Takaharu Morishita

Introduction to Industrial
and Clinical Psychology:
Towards the Future Perspectives

ナカニシヤ出版

はしがき

　人の生涯を考えると，その3分の2は仕事が中心の職業・社会生活である。人生の多くの時間を過ごす場がまさに職場であり，人生の充実を左右する。シャウフェリ（W. B. Schaufeli）が仕事の充実（job engagement）を取り上げたのは2002年，拙著（2015）ではこれをもう少し拡大して生活の充実（life engagement）が私たちが求めていく姿であると問題にした。

　そこで，産業現場の働く人たちの問題について，誰もがはりあいがあり，生きがいがあり，いきいきと働き，充実感がもてるようにすることはこの領域の専門家，研究者の役割であり，使命であると考える。

　そこで，原点は，働く人たちは何を求め，どう思い，どう感じ生き抜いているかであり，この問題に取り組むには，まず今日の労働を取り巻く実態に迫ることが重要となる。

　働くこと，労働のもつ意味は何かを考えてみる。原始・未開社会に始まった労働は，歴史的には1730年の産業革命以降，初期は家内制手工業に始まり，そこには実際自身の目で，手で作る喜びがあった。19世紀から20世紀の中では工場制機械工業，さらに脱工業化社会，21世紀は情報化社会へと進展し，労働は不明確な存在，かつ曖昧な存在として今ここにある。

　要は，技術化，省力化，ME化，IT化，AI化が進展すると人間と機械とのインターフェイスの問題が生じ，主体的な労働のあり方が問われるようになってきたという点にある。

　そのような中，喫緊の課題である長時間労働の問題と実態がクローズアップされてきた。そのために，主体的な労働にもう一度回帰するには，働く人たち自身の問題として，ライフ・スタイルのありようの問題が浮上する。仕事・労働の限られた面だけでなく，社会で，家庭の中で，そして労働の中で活動する全人的な働く人たちのあるべき姿が求められるであろう。

　わが国は，内外の社会，経済，政治の動きと連動して，雇用・労働の領域で

i

新しい時代を迎えている。筆者は，産業現場でのケースで職場再適応を長年手掛けてきた。そこから生身の事例を取り上げながら，究極の課題である適応問題について，ストレス問題に理論面から切り込んでみた。それを人がいきいきと働き，生活できる姿につなぐことができればと願っている。

　刊行にあたり，多くの皆様に大変お世話になったことに感謝の気持ちを添えたい。特に，事例Ⅱでは，産業現場の働く人たちに筆者とともに長く携わってこられた日本福祉大学教授の山口智子先生には，事例をまとめるにあたり懇切丁寧な有益な助言とご指導を頂戴した。

　また，宇宙飛行士の山崎直子先生には，当時日本応用心理学会の広報誌で対談をしてくださった記事の再掲載のご快諾を，さらに日本応用心理学会の藤田主一理事長には掲載のご許可をいただき，心よりの深謝を申し上げる。

　最後に，本書の刊行にあたり株式会社ナカニシヤ出版代表取締役中西良社長には出版を支えていただき，編集ではいつも励ましとご苦心をいただいた宍倉由髙氏，山本あかね氏に衷心よりお礼申し上げる。

森下　高治

目　　次

第Ⅰ部

今日の労働を取り巻く問題

　第Ⅰ部の核心である今日の労働を取り巻く実態にスポットを当てる前に，１章では働くこと，労働のもつ意味を考えてみる。

　原始・未開社会に始まった労働は，歴史的な変遷を経てきたが，ある意味では21世紀の労働は不明確で，かつ曖昧な存在としてある。

　農業や漁業などの第一次産業に従事する人たちの労働はわかりやすかった。作物を収穫する，また，漁に出て魚を捕る。また，ものづくりなど製品，商品を作り上げる製造業の労働もわかりやすい。初期においては，自分の腕でものを作り，その作る過程においても，また出来上がったものを自身の目で確認し，創造の喜びが感じ取られていた。今日に至り技術化，マイクロエレクトロニクス化，IT化，AI化が進展すると，人間と機械との間のインターフェイスの介在が問題として生じ，主体的な労働のあり方が問われるようになってきた。

　そのようななか１日のうち1/3以上を占める労働においては，仕事と向き合うなかでのストレスの問題が浮上する。実際，ストレスを感じる働く人たちの強い不安や悩みの内容を見ると，各種調査では必ず上位に「仕事の質と量の問題」と「対人関係」が入っている。

　２章では，雇用・労働統計や労働時間について実態を把握し，喫緊の課題である長時間労働の問題を，さらに女性の雇用問題や非正規で働く人たちの問題，外国人労働者の問題などの産業・就業構造の問題を取り上げる。働くことに関する基幹的な法律には労働基準法があり，労働安全衛生法もあるが，それらを含め，昨今の雇用・職場環境や，過労死の問題など雇用環境の整備のための法的な遵守やなお一層の整備の問題が重要である。

　３章は働く人たち自身の問題として，ライフ・スタイル問題を取り上げる。ここでは筆者が長年取り組んできた研究成果を取り上げながら，仕事・労働の限られた面だけでなく，社会（地域社会）の中で，家庭の中で，そして労働の中で活動する全人的な働く人たち

の姿があることに注目する。

　第Ⅰ部の究極の問題は，適応問題である。ワーク・ライフ・バランスの視点から生身の働く人たちが仕事をするなかで生じてくるストレス問題について，4章ではさまざまなストレス理論に切り込むことにより，この面から補強することでいきいきと生活できる働く人たちの姿につなぐことにする。

第 1 章

労働とは：労働の意義と歴史的変遷

　ミルズ（C. W. Mills, 1951）は，労働そのものの見解として以下のようなことを述べている。「あらゆるよきもの，追求する価値のあるものは余暇の領域にあり，生活の中で最も暗い荒涼たる部分は労働であり，その最も華やかで明るい部分は消費と娯楽である。……　疎外的な労働によって分裂した彼らのパーソナリテイは，娯楽や恋愛や性的刺激に没入し興奮することによって，再びある意味での統一を回復する」。

　これは，70 年前の社会学者のミルズの言葉である。本来の「もの」を作るという明確な労働は，労働を取り巻く意義の歴史的な変遷を経て技術化・情報化・IT 化が一層進む今日，どんどん見えない存在としての不明確なものとなっている。そのこと自体が，多くの人たちにストレスを生み出していると言っても過言ではない。ここで触れているストレスについては，第 4 章で取り上げ，ここでは労働の意味について考える。

労働，働くことの意味

　人間は，二足歩行により自由に手が使えるようになった。そのために道具の発明によって主として肉体的労働（labour）が生まれた。同時に脳の発達は言語活動を促進させ精神的労働（work）を生んだ。当初，labour と work は分離せず一体化したものであったが，生産手段の分化，複雑化が進展するにつれて両者は，分離する関係へと変化し始めた。

　労働そのものの定義は，「何らかの目標を獲得するための肉体的・精神的努力」とみなされる。一般に労働・仕事を端的に表すと，労働は人間の能動的な全般的活動と言える。そもそも未開社会では生活することが労働であった。両者は，労働＝生活で社会的視点はまったくなく，個人的観点からのみ意義が認

3

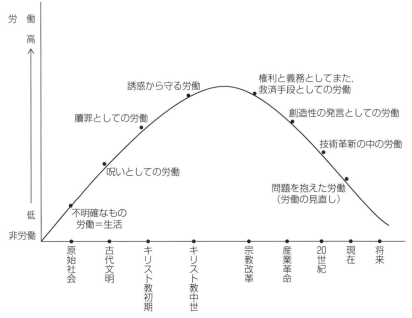

図 1-1-1　労働の意義と歴史的変遷（Posner et al., 1975；森下，2019 改変）

められた。ところが，社会が進展するなかで分業が生じ，労働は職業・労働の
もつ所要条件による固有の機能をもった「職能」的性格を強くおび始めた。ま
た，社会においては，役割としての職能分担の形態は，それぞれの時代の社会
機構により差異がみられた。

　図 1-1-1 は，労働の意義と歴史的変遷（Posner et al., 1975）を示すが，図に
照らし説明を加える。

　古代ギリシャでは，奴隷と自由民による職能（役割）分担が敷かれ，肉体的
労働は呪いと考えられ，それは奴隷のなすべきものとされた。一方，貴族や自
由民は，非労働の活動としてのスポーツや芸術，科学活動に時間を費やした。
労働は，神が人間に科した罰という前提があった。

　ギリシャ神話の神プロメテウスと神ゼウスの話である。神ゼウスは未熟な存
在の人間に「神の火」を与えることを禁じていた。ところが，神プロメテウス
は人間に知恵である火を与えたのである。そのために神ゼウスはプロメテウス
を礫にした。そして，大地を耕す労働を人間に科し自ら作った農作物で生きる

ように処した。その考え方が労働＝神の罰とする労働の始まりである。

　西洋のキリスト教社会では，労働は原罪として旧約聖書の創世記にエデンの園からの追放の話が出て来る。ギリシャ神話の話，キリスト教の話は，いずれも罪としての労働観がある。

　新約聖書になると，キリストの弟子であるパウロの「働こうとしないものは，食べることもしてはならない」という言葉が記されている。労苦としての労働は，信仰の証とみなされる。

　やがて，中世のキリスト教の社会では，修道者たちが畑を耕し，作物を作り育て，収穫をする。そのなかで労働はむしろ楽しいこと，喜ばしいもの，意義あるものと変わっていった。

　この労働観を劇的に変えたのは後述するが，カルヴィンやルターの宗教改革（ルターの95ヶ条の論題提起，1517年）である。

　勤勉と倹約に徹していれば，いずれこころ，魂の解放につながるとの考えが生まれた。この考え方をもとに生産活動や商業活動が生まれ，富の蓄積を経て初期の資本主義が台頭した。長期にわたる封建主義社会を支えていたのは，職能の社会的分担であった。職業に固有の機能を有することが身分と密接に連動し，農家の子は農民として，商家の子は商人というように世襲制が職能の社会的分担として背後に敷かれていたのである。

　一方，東洋に目を向けると，中国では，儒教や仏教の教えがある。儒教では手足による労働は，肉体を使った労働とみて，精神生活を高めるための労働は，人格修養の要素をもつとされる。むしろ，労働と作業は相即したものであるとの考え方である。その根底には，「農業は佛行なり」という考え方がある。

　わが国では，働くことに関して仏教と儒教の影響力が非常に強く残っている。江戸時代には，林羅山が朱子学（儒学）をもとに武士による幕藩体制の維持のために儒教の教義を重用した。男尊女卑や規律を重視する社会的風習が儒教によって長く維持されてきた。また，石田梅岩（現代語訳，2016による）は士農工商と言われた身分制度の一番下に位置する商人に対して，商売における正当な取引は大事で商人は決して身分が低い職業ではないとした。あわせて，田畑で作物を作る農民も食料を収穫し，人が生きていくための大事な仕事であるとした。

　加えて，江戸時代初期に武士であった鈴木正三（『万民徳用』，没後の1661年刊）は，僧侶に転じ士農工商は身分に応じたもので対等な職分であると説き，各人がその仕事に励むことによって仏道の修行に通じるとした。この職分思想は，中期の商人道を説いた石田梅岩や末期の農村改革に精を出した二宮尊徳にも引き継がれた。

　橘木（2010）は，道徳の視点からに，二宮尊徳（金次郎）の労働観を取り上げている。二宮は毎日，努めて勉んだり，働くことで小さな努力が積み重ねられることが尊いことであるとした。ただ，この考え方は為政者にとっては都合がよく，富国強兵の国策を進めるにあたって，ひたすら勤労を尊び，自身を犠牲にすることが尊いことであるとして，明治から第二次大戦が終了するまで学校教育における支配的な道徳観であった。西洋と同じように，怠けることは，悪の根源である。人間として生き続けるにはまじめに一生懸命働くことが尊い。しかし，この労働観がわが国の文化風土に今も生き続けている。

　労働観（意義や意味）の考察にあたっては，西欧では，キリスト教の教義に原点である原罪説にもとづいていることがわかったので，改めて労働の意義の変遷をキリスト教社会の時代進展とあわせて考察してみる。

　キリスト教が支配していた社会では，労働は，人間は生涯その苦痛から逃れようとするために働くものであるという見解が基本理念である。

　エデンの園から追放された人類は，永遠に罰せられるという原罪的な考え方が出発点である。初期のキリスト教社会での労働観の変遷をみると，怠惰な生活を防止する手段とも言えるごとく，働かざるもの食うべからずとしての贖罪としての労働から，中世では働くことを妨げるさまざまな誘惑から人を遠ざける手段としての労働の捉え方として，働くことを意義づけていた。また，人々の生活は神の教導や摂理のもとにあるという理念が強まったが，時代が進みやがて宗教的摂理や国家的権威に対する反発がうまれ，それが宗教改革へと，さらにルネッサンスの到来をみるように，人々の生活は激変した。

　宗教改革以降，働くことすなわち労働は，神の「自ら助くるものを助く」にもとづくようになる。つまり，富は神の恩寵の証，逆に貧困は罪であるということになれば，人間は働くことに，労働に一層精を出すことになるのである。宗教改革の時期は，労働は権利としての，義務としての，また，救済の手段と

しての労働の意義づけであり，この意義づけがその当時の社会における労働観を支えていた。キリスト教自身や教会に対する批判のなかに，社会を構成する中産階級を中心に神に対する見直しの時期が到来したことが見てとれるのである。

　人間として本来あるべき精神生活を生むのは，思想の自由，創造の独自性，個性の発揮の3つであるという考え方が，やがて個人主義へと結びつき，産業革命の到来を見ることとなる。産業革命は，農業に比重が置かれた社会の終わりを告げたとは言え，工業（化）社会が生まれる。当初は家族労働を主とする家内工業であったが，やがて1つの工場で多くの労働者が作業・仕事をする工場労働へ移行し，機械化，工業化，省力化，省人化へと突き進んだ。

　工業社会の姿は，家内制手工業，工場制手工業，工場制機械工業へと進展する。ただ初期には，「自己の腕，技能に誇りを持ち，自ら創造の喜び」を享受していた段階があったのである。産業革命から第二次世界大戦までの技術革新はすさまじく，そのような誇りや喜びはどうなっていったのであろうか。

　労働は，生産形態と特に関連性をもつものである。情報化時代の今日は，その生産形態の技術的側面だけでなく人間とのコミュニケーションとの関係が重視されるようになってきた。ベル（Bell, 1973）は，このような社会を脱工業社会と呼んだ。生活を立てるための仕事，「生業」的性格を有していた労働が，自由時間との区分もなく同等のものとしての労働となるのであろうか。

　ヨーロッパ社会，特にキリスト教の影響が色濃く漂っていた産業革命以前の労働は，人々にとって全力で能動的に仕事に傾注でき，喜びが味わえた労働であった。

　今日では，労働は単なる生活の手段であるとする「生業」的性格を脱し，仕事は仕事，自由な余暇は余暇として楽しむようこれら両者を明確に割り切り，むしろ調和を目指そうとする傾向がある。従来の必要悪としての労働観は消滅したかたちになるが，多くの働く人たちにとっては労働に主要な意義を置くとともに，自身にとって労働は絶対に欠くことができない部分であるという認識も強い。

　一方では，高度の分業化で役割が完全に分化し，これまで労働が生きがいの対象であったものが，生きがいは労働以外の他の分野にも拡がりもったことは

事実である。そのために，労働，非労働の一層の融和（調和）が必要となる。

　機械化，省力化，省人化，IT 化が進むなか，一層強くその融和の必要が叫ばれているのが現代社会である。労働と非労働の融和の問題については，アメリカ合衆国で研究が先行しているが，特に注目すべきことは労働の余暇に及ぼす影響過程の研究である。

　マイスナー（Meissner, 1971）は，労働と非労働である余暇の関連研究を振り返り，労働が労働生活以外にどのような影響があるかを問題にした。

　①自由裁量がどの程度労働者にあるのか？　自由裁量の幅が多い程余暇の方に傾くか。

　②道具的か表現的か？　道具的であれば集中的成果があるが，活動そのものが目的になるのが表現的で，余暇の方に傾くか。

　③社会的交流がどれほどあるか？　例えば，職場の仲間とどれほど話す機会があるか。

　以上の 3 つをいずれも一次元で表し右端に傾くか，左端に傾くかによって両者の位置づけを問題にした。

　また，パーカー（Parker, 1971）は，労働と余暇を定義するのに，労働そのものに費やす時間，労働に関連した時間，生理的ニーズを満たす時間，非労働の義務的要素，余暇・自由時間の 5 つを挙げ，活動と時間の 2 軸上にプロットした。

　これらの研究のように労働と余暇の問題を考えていくと，労働があって余暇にどう影響するかが課題であることがうかがえる。

　最もわかりやすい仮説は，古くは，ヴィレンスキー（Wilensky, 1960）が補償余暇仮説（compensatory hypothesis）と流出余暇仮説（spillover hypothesis）を提唱した。前者は疲れ切った工場労働者が自宅に帰り，職場，工場で満たされない分を非労働の世界で満たすというもの。後者は，疲れ切った労働者は，仕事での疎外感をもち合わせ，労働で生み出された精神的無意味化が余暇にまで影響して何もする気になれない状態になるというものである。

　一方，デュビン（Dubin, 1656）は，独立仮説または分離仮説（independent, separation hypothesis）を提唱した。これまで労働者は生活の中心的関心事が労働にあると考えていたが，労働と非労働は心理的には別で仕事は仕事

として，余暇は余暇として独立した関係にあるとの捉え方である。この考え方は，両者の割り切りを考えた場合，非常に理解しやすい。

ここで，森下は負の流出余暇仮説から正の流出余暇仮説を提案（2015）し，仕事から余暇へのプラスの流出，また，余暇から仕事へのプラスの流出の考え方が重要と説いている。

昨今の労働環境を眺めると，労働市場の急激な変化に対応するには補償余暇仮説では実りのある仕事となるには程遠いし，また，ヴィレンスキーが当初考えた精神的無意味化が余暇に影響するのというのでは，主体的ないきいきした人間が浮かばれない。そのためにも双方向から影響されるプラス＆プラスの正の流出余暇仮説（plus + plus spillover hypothesis）が求められるのが自然である。

このこと自体，冒頭で掲げた，労働は，人間の能動的，全般的精神活動で生きがい，やりがいに直結するということと符合する。これは，本来的な労働の姿であり全人的活動である。1900 年後半の 20 世紀，そして 2000 年の 21 世紀に入り技術革新による機械労働の代替や，昨今の組織化された社会では，非公的産業組織体だけに限らず公的産業組織体にも労働の体系的，組織的管理が要求される。同時に自己表現の一形態を担うものとしての労働は，社会に貢献するだけでなく，個人の自己成長を促す。その一方で労働の質，レベルは下降してきて，労働と非労働は違った意味で不明確になってきた。

今日，労働を取りまくさまざまな問題には，①働く人たち自身の意識という問題がある。働くこと，仕事をどう捉えているのかという問題である。

次に，ストレスを抱える 3 つの問題がそこから出てくるのが，②労働そのもの（仕事の質と量）の問題である。この労働そのものの問題は，③労働時間の問題と大いに関わりがある。

第 2 章で労働時間の問題を取り上げる。これら①，②，③と対峙する形で，④非労働の余暇の問題が存在する。余暇に関連しては，今日の働き方改革の問題と関係するが，課題は，ワーク・ライフ・バランスをいかに実現するかである。今，アメリカ合衆国と中国との関税を巡る貿易摩擦（中国では，貿易戦争という位置づけ）を巡り，この対立でわが国も相当な影響が出てくるとの識者の意見であるが，それは⑤産業構造上の問題まで及ぶ。労働力の視点からも今

の社会経済的レベルを維持するには，すでに言われているとおり，喫緊の課題として，⑥女性の雇用・職業問題，⑦高齢者の雇用・職業問題も取り上げ，解決すべきである。

　労働時間の後には，就業構造上の問題や外国人労働者の問題，上の⑥女性の雇用・職業問題や⑦高齢者の雇用・職業問題をも取り上げる。

労働を取り巻く現状：
今日の産業・就業構造の問題

1．雇用・労働統計

　雇用をめぐる環境は，ここ数年の中で激変した。わが国の労働市場も，2008年のリーマンショック以降，人手の過剰感が強まり，非正規労働者を解雇するいわゆる「派遣切り」が行われてきた。しかし，2011年の東日本大震災の後に，復興事業も連動して一転して人手不足が広がる様相を呈してきた。その後5年経過した非正規労働者には，有期から無期の雇用の問題が生じ，また世界に目を移すと，2019年にはイギリスのEU離脱問題やアメリカと中国との関税を巡る貿易戦争などがうまく着地点が見出せないなど，わが国も含め世界経済に大きな影響が出てくることが予想される。そうした状況ではあるが，ここでは，まずはわが国の労働力人口（自営業主，家族従業者，雇用者，完全失業者）と就業者の動向を見ることから始めようと思う。

　総務省統計局の2018年2月に公表された2018年（平成30年）の平均「労働力調査」結果では，表1-2-2，1-2-3のとおり，就業者は男性が3,717万人，女性が2,946万人，計6,664万人である。15-64歳の就業者は，5,802万人と2017年に比べ78万人の増加である。また，65歳以上は862万人と55万増で高齢者は着実に増えている。10年前の2009年は男性が3,666万人，女性が2,649万人，計6,319万人で男性が51万人の減，女性も297万人の大幅減であった。また，2018年の労働力人口比率（15歳以上の人口に占める労働力人口の割合）は，男性が71.2%，女性が52.5%で，計61.5%を示す。

　次に，就業者数6,664万人のうち，自営業主・家族従業者，それに雇用者は各々686万人，5,936万人である。男女別，年齢別就業者数について，男性の

年齢区分別結果を 10 歳きざみで見ると，45-54 歳が 844 万人で最も多く，続いて 35-44 歳が 805 万人，逆に 24 歳以下は 284 万人である。一方，女性は 45-54 歳が 691 万人で最も多く，次いで 35-44 歳が 631 万人と多く，逆に 24 歳以下は 278 万人である。

　女性は男女共同参画社会が影響してか 1 位の年齢層が 45-54 歳で，2 位は 35-44 歳でそれぞれが 600 万人を大きく越している。なかでも 45-54 歳が 700 万人近くで突出している。

　3 位と 4 位は 25-34 歳が 501 万人，55-64 歳が 500 万人弱である。25 歳以上から 54 歳までの 3 つの年齢階層がいずれも 500 万人を超えている。

　男女全体で 24 歳以下の就業者人数は 10 年前（513 万人）より 562 万人で約 50 万人増，25-34 歳の年齢層（1,277 万人）では 1,120 万人の約 160 万人の大幅な減少が目立っているのに対して，55-64 歳（1,148 万人）は約 80 万人減，65 歳以上の年齢層は 10 年前の 565 万人から 862 万人へと約 300 万近くの大幅増である。少子化の影響もあって 34 歳以下の若年者層の働き手は確実に減少している。

　非正規の職員・従業員の男性の人数は，35-44 歳が 703 万人で最も多く，続いて 45-54 歳が 699 万人，逆に 24 歳以下は 275 万人である。一方，女性は 45-54 歳が 365 万人で最も多く，35-44 歳が 307 万人と多く，逆に 24 歳以下は 145 万人である。

　次に，失業の動向について見ると，2018 年平均の完全失業率[1]は 2.4%，内訳は男性が 2.6%，女性は 2.2%である。仕事をせず求職中の完全失業者数は，166 万人である。完全失業者の求職理由について，仕事をやめたため求職，うち勤め先や事業の都合で仕事を中断，現在求職中が 40 万人，自分，または家族の都合で仕事を中断の自発的離職者は 71 万人を数えている。近年話題になっている家事も通学もしていない若年無業者（15-34 歳の非労働力人口のうち家事や通学もしていない者）は，15-24 歳で 21 万人，25-34 歳で 32 万人合計 53 万人である。

　ここから言えることは，グローバル化のわが国の経済力を一層維持し高める

1）　完全失業率：完全失業者数（就業者以外で仕事がなくて就業が可能で希望し，かつ仕事を探していた者）を労働力人口で割ったものを言う。

表 1-2-2 A　2018 年平均の労働力調査結果

(万人)

	男女計	男性	女性
15 歳以上の労働力人口	11,101	5,362	5,739
労働力人口	6,830	3,817	3,014
就業者数	6,664	3,717	2,946
自営業主，家族従事者	686	429	257
雇用者	5,936	3,264	2,671
役員を除く雇用者	5,605	3,016	2,589
役員を除く正規職員・従業員	3,485	2,347	1,138
非正規職員・従業員	2,120	669	1,451
パート・アルバイト	1,490	347	1,143
パート	1,035	121	914
アルバイト	455	226	229
派遣	136	51	85
契約職員・従業員	294	156	138
嘱託	120	75	45
その他	80	40	40
就業率	60	69.3	51.3
うち 15〜64 歳	76.8	83.9	69.6
完全失業者	166	99	67
完全失業率（％）	2.4	2.6	2.2

労働力調査（基本集計）2019 年 2 月 1 日，同 4 月 26 日公表にも
とづく資料から作成

表 1-2-2 B　年齢区分別男女別就業者数

年齢区分	男女計	男性	女性
15〜24 歳	562	284	278
25〜34 歳	1,120	619	501
35〜44 歳	1,436	805	631
45〜54 歳	1,535	844	691
55〜64 歳	1,148	653	494
65 歳以上	862	512	350

表 1-2-3　主な産業別就業者数

	2018 年 （万人）	2018 年 （%）	2009 年 （万人）	2009 年 （%）	1999 年 （万人）	1999 年 （%）
農業，林業	210	3.2	244	3.9	307	4.9
建設業	503	7.5	522	8.3	657	10.2
製造業	1,060	15.9	1,082	17.1	1,345	20.8
情報通信業	220	3.3	194	3.1		
運輸業，郵便業	341	5.1	350	5.5	406	6.3
卸売業，小売業	1,072	16.1	1,059	16.8	1,483	22.9
金融業，保険業	163	2.4	165	2.6	251	3.9
不動産業，物品賃貸業	130	2.0	110	1.7		
サービス業，学術研究など	239	3.6	195	3.1		
サービス業，宿泊業，飲食業	416	6.2	379	6.0	（サービス業）	
サービス業，生活関連など	236	3.5	241	3.8	1,686	26.1
教育学習支援業	321	4.8	288	4.6		
医療福祉	831	12.5	623	9.9		
サービス業（他に分類されないもの）	445	6.7	465	7.4		
サービス業複合	57	0.9	52	0.8		
公務	232	3.5	225	3.6	214	3.3
サービス関連すべて（教育，医療含む）	2,545	38.2	2,243	35.5	1,686	26.1
就業者数	6,664		6,314		6,462	

＊労働力調査（基本集計）2019 年 2 月 1 日，同 4 月 26 日公表にもとづく資料から作成
＊＊産業分類は調査時点の分類によるため 2018 年と 2009 年は 20 年前の 1999 年とは分類は異なっている。

には，国は女性や高齢者の雇用，さらに外国人労働者の数を増やす政策を必要とするということである。

　次に，産業構造の動向について，産業別では，サービス業（宿泊業，飲食サービス業 416 万人，生活関連サービス業，娯楽業 236 万人，学術研究，専門・技術サービス業 239 万人，複合サービス業 57 万人，その他のサービス業 445 万人も含む）が合わせて 1,393 万人になり第 1 位，卸売・小売業が 2 位の 1,072 万，製造業が 3 位で 1,060 万人である。医療，福祉が 4 位で 831 万人である。続いて 5 位に建設業が 503 万人である。農業・林業は，9 位の 210 万人である。公務（員）は 232 万人である。

　産業別就業者数の推移について，2018 年の統計資料を 2009 年，参考までに 1999 年の結果（産業分類が異なる）と比較する。

　2018 年の就業者数は，6,664 万人に対して，2009 年は 6,314 万人で，第 1 位はサービス業（学術研究，宿泊業，飲食業，生活関連，複合サービス，その他サービス）が 1,393 万人，20.9%，2009 年は 1,332 万人，21.1% であった。第 2 位は卸売，小売業で 1,072 万人，16.1%，2009 年は 3 位で 1,059 万人，16.8%，第 3 位は製造業が 1,060 万人，15.9%，2009 年は 2 位で 1,082 万人，17.1%，ちなみに 1999 年は 6,462 万人のうち 1,345 万人，20.8% であった。2018 年の第 4 位は医療・福祉で 831 万人，12.5%，2009 年も 4 位で 623 万人，9.9% であった。第 5 位は建設業が 503 万人，7.5%，2009 年は 522 万人，8.3%，1999 年は 657 万人，10.2% である。公務（員）は過去 20 年間，3.3-3.6% でほとんど変化はない。

　以上から，医療・福祉は高齢化が進んでいることを反映して，就業者数は増加の傾向にある。サービス業も就業者数の割合は他の産業より多い。これに対して農業，林業，建設業，製造業（海外移転による）はこの 20 年の中で減少傾向にあることが顕著である。卸売，小売業は 2009 年が 1,059 万人であったのに比べ 1999 年は 1,483 万人で，より大幅な減少が目立つ。

　これに関連して，厚労省の 2040 年の労働力人口（15 歳以上で働いているか，仕事を探している人の数）は，経済が成長せず働く高齢者や女性が増えなければ 2040 年は 2017 年の実績 6,720 万人から 1,260 万人に減少し，18.8% 減の 5,460 万人になるとした。一方，経済政策がうまく進み実質 2% ほどの経済成長を実現した場合は，2040 年は 6,195 万人で就業者数は，維持できるとしている。例えば，医療・福祉の分野でも経済状況が悪い場合は，2040 年は 103 万人増，良い場合は 167 万人増見込まれる（2019 年 1 月 15 日公表）。これからは高齢者の 65 歳以上の雇用延長や女性の労働市場への積極的な参入，外国人労働者の受け入れの拡大で就業者数を減らさないことが課題である。産業構造上の変化が産業分類による就業者数に明確に表れていることが明らかになった。今後も本問題は変動があると予想される。

2．労働時間をめぐる問題

　働き方改革関連法案が，2019 年 4 月 1 日から施行された（大企業が先行する形で，2020 年から中小企業が適用になる）。

　残業時間の規制では，原則「月 45 時間，年 360 時間」となった。そのうえで，労使が協定（労働基準法第 36 条，いわゆる，さぶろく協定）を結べば繁忙期も休日労働を含めて「月 100 時間未満」，2－6 ヵ月平均で「月 80 時間以内」などの上限を設けた。これを超えて働かせると罰則が科せられることになった。

　労働基準法は，労働時間の上限を 1 日 8 時間，1 週 40 時間と定めている。これまで長時間の残業（労働）は，罰則がないために長時間労働や過労死を生む原因と指摘されていた。いわゆる，過労死ラインの労災認定の基準は 1 ヵ月 100 時間，または 2－6 ヵ月の月平均は 80 時間とされている。

　企業によって，仕事ダイエットや 2018 年秋から断捨離プロジェクトなどで仕事の見直しを始めたところが次々と現れている。

　この長時間労働の見直しは，1991 年 8 月に電通社員であった大島一郎さん（当時 24 歳，以下 O さんとする）の過労死事件を契機に，2000 月 8 月に「事業場における労働者のこころの健康づくりのための指針」いわゆるメンタルヘルス指針が出されたことに始まり，続いて 2006 年に労働安全衛生法が改正，施行（メンタルヘルス新指針）されたなかで過重労働の具体的処置として，月 100 時間を超えた時間外労働をしたものに医師による面接指導が義務化された。しかし，産業現場では第二電通事件が 2015 年 12 月に起こり，入社 1 年目の女性である高橋まつりさん（当時 24 歳，以下 T さんとする）が尊い命を自ら落とされた。労災認定にもとづき 2017 年 12 月に遺族と電通との間で再発防止と慰謝料について合意に至った。T さんの母親が 3 年後の 2018 年 12 月 25 日の命日に手記を公表した。「長時間労働とパワハラがなければ，今も元気で働き，大声で笑っていたはず」とし，大切な娘を亡くした気持ちを綴られた。

　2019 年 4 月から労働時間の規制の強化と緩和の両方が盛り込まれた働き改革法が施行されたが，遺族からすると過労死，過労自殺を防止する対策として

は改革が不十分との声が出ていて，ストレス問題に詳しい識者からも同様な意見が寄せられている。ここから，すべての業種職種で長時間労働やハラスメントをなくすよう法改正や取り組みが一層図られることが急務であると言える。

　次に，精神疾患などの心の病で休職した全国の公立小中学校などの教員（教育職員）は，2017 年度は 5,077 人（対前年度比 86 人増）であった（文科省，2018.12.25）。ここ 10 年，毎年 5,000 人前後で推移しているが，長時間勤務などが影響していることが考えられる。調査からその詳細な実態を見ると公立学校の全教員（約 92 万人）の病気休職者数は 7,796 人で，1％にも及ばない0.85％であった。休職者のうち，うつ病や適応障害などの精神疾患による休職者は 5,077 人で 65.1％を占めた。休職になるまでの勤務年数は 1 年以上 2 年未満が 23.3％と最も高い。逆に，6 ヵ月以上から 1 年未満は 19.1％，2 年以上 3 年未満が 15.9％である。

　休職期間が 6 ヵ月未満が休職者の 1/3，6 ヵ月以上から 1 年未満が 27.3％でやや低く，1 年以上 3 年未満も同様 26.1％であった。日ごろの教員の業務量，授業の準備，従業後の後始末，授業以外の校務分掌の役割負担，さらに保護者らとのコミュニケーションの難しさなどがある。教員の働き方改革を検討してきた中央教育審議会では，長時間労働の解消に向けた対策を答申でまとめ上げた（2019 年 1 月）。その改革のポイントは，以下の 4 点である。

①教員，学校，地域が関わる業務を整理し，担うべき役割の明瞭化，仕事のスリム化と言ってよい。

②時間外の授業準備や部活動などの自発的な居残りの勤務時間も管理対象に。

③時間外の上限を「月 45 時間，年 360 時間」と設定。

④繁閑に合わせ，年単位の労働時間を調整し休日（夏休み）のまとめ取りをする「変形労働時間制」を導入する。

　しかし，労働時間の認定範囲には問題があると言われている。例えば，長時間労働に伴う労災認定について，特に労働局や労働基準監督署が社外（社屋外）の労働をどうみるかで認定されないケースがでてきた。

　ここでは，再度企業従業員に話を戻す。2017 年 9 月の東京の建設設備業の男性店長がくも膜下出血で亡くなったケースである。

　もう 1 つは 2016 年 5 月に出張先のホテルで大型クレーン車販売会社の営業

職の男性が急性循環器不全で急死，このケースでは異動先での仕事や接待ゴルフ・飲食，通夜への参列などはいずれも残業時間として認定されなかった。

　以上の例から，仕事か，仕事でないかは，遺族はもちろんのこと誰もが納得のいく基準を設けるのが重要である。仕事，付随する仕事に関連することをレベルで括り，仕事 1'：100%，仕事 2'：80% 以上，3'：50%，4'：30%，5'：仕事にあたらない 0 % のように 5 段階で分けるのも一案である。

　前述の教員と同様，医師や運輸関係の働く人たちは長時間労働が常態化している。厚労省の案では，医師の勤務医は 2024 年 4 月以降，年間 960 時間，地域医療確保のために必要な医師は，1,900-2,000 時間である。大企業が 2019 年 4 月から最大年間休日労働も含め 960 時間の残業，中小企業が 2020 年 4 月から残業規制を敷くという。ただし，長時間労働を追認する形での長時間労働に関しての規制であるところは問題として残る。

　加えて，2014-2017 年に三菱電機の男性従業員が長時間労働で労災認定された。その内訳は，5 人が精神障害や脳疾患を発症，うち 2 人が過労による自死であった。男性従業員はシステム開発の技術者，研究者で 3 名が裁量労働[2]であった。3 名のうち 1 名は精神障害，2 名の脳疾患を発症し労災認定されている。

　これ以外に三菱電機では，入社 4 年目のシステム開発プロジェクト担当の男性従業員（当時 28 歳）が仕事の遅れから精神障害を発症，2014 年 12 月に労災認定をしていたことが 2018 年 8 月に公表された。

　同じく三菱電機の例を取ると，裁量労働の 30 代の研究職の男性従業員に対して，労使で定めた 60 時間の上限を超える違法な時間外労働をさせた疑いで 2017 年 12 月 11 日に労働基準監督署（以下，労基署と言う）は労働基準法違反で書類送検をした。また，広告大手の電通は 2014 年 6 月に関西支社が労基署から長時間労働に関して是正勧告を受けていたが，次いで 2015 年 8 月 14 日

---

2)　裁量労働：実際の勤務時間と関係なく，あらかじめ決めた時間を働いたと見なし，給与を支払う仕組みを言う。裁量労働制における労働時間とは，すでに実施している企業でも一定時間を働いたと見なし残業代込みの賃金を払う制度であるが，固定残業制より労働時間管理が甘くなるという，働く人たちの意識の問題もある。そのために，長時間労働を助長するとして見直しを図る企業がでてきている（2016 年には裁量労働制は，全国で 13,000 事業場が実施されている）。

に東京本社も是正勧告を受けた。そうしたなかで，2015 年 12 月に新入社員の T さん（当時 24 歳）が過労により自ら命を絶った。あってはならない事件が発生した。前述の三菱電機については，9 月の労災認定を受け 10 月 14 日の立ち入り捜査から違法な長時間労働が全社的に常態化しているのを受けて，厚労省が 11 月 7 日に厚労省東京労働局過重労働撲滅特別対策班（かとく）が強制捜査に入った。過去の 2014-2015 年にも労基署から，社員に違法な長時間労働をさせたとして是正勧告を受けている。

　長時間労働の最大の原因は，2016 年 12 月 4 日の朝日デジタルアンケートによると，①人手が足りない，仕事量が多いは 51.4%，②顧客・取引先の要求に答えすぎが 13.8%，③長く働くことを評価する空気が 12.8% である。

　次に，長時間労働によって最も失われていると思うものは，①心身の健康が 52.3%，②家族と過ごしたり，家事をしたりする時間が 30.3% であった。

　また，野村不動産過労死事件が起こっている。2016 年 9 月，企画業務型の裁量労働に含まれない裁量労働の勤務として 50 代男性が過労自殺をした。労基署が把握の男性の残業は，2015 年 11 月後半から 1 ヵ月で 180 時間で，長時間労働が原因で精神障害を発症し，自殺に至ったとして労災認定（2017 年 12 月 26 日）された。この事例が公表されたのが 2018 年 4 月である。続いて，日本放送協会（NHK）の女性記者であった佐戸未和さん（当時 31 歳，以下 S さんとする）が 2013 年 7 月選挙取材による過労が引きがねとなり心不全で亡くなった。労基署によると死亡直前の 1 ヵ月の休日は 2 日で，この間午前 0 時過ぎまで働いていた日が 15 日もあった。残業（時間外労働）は死亡前の 1 ヵ月 159 時間，その前の 1 ヵ月が 146 時間に及んでいた。残業時間については，最大 6 ヵ月までの複数月を加算した平均が 80 時間の残業過労死ラインを大幅に超過していた。S さんの過労死が公表されたのも 2014 年の労災認定後，3 年経過した 2017 年 10 月の NHK の夜のニュースであった。

　過労死問題は，事件が起きれば遺族側の了解のもと当該機関から，行政側からも事件発生後できる限り早い段階で公表する必要がある。そして，少なくとも労災認定後には速やかに公表することが，撲滅に向けての大きな力になるので，直ぐにでも改善に着手することが重要である。

　図 1-2-4，1-2-5 に示すとおり，脳・心臓疾患や精神疾患に関する労災申請，

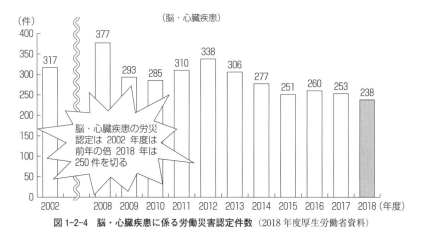

（脳・心臓疾患）

図 1-2-4　**脳・心臓疾患に係る労働災害認定件数**（2018年度厚生労働省資料）

（精神疾患等）

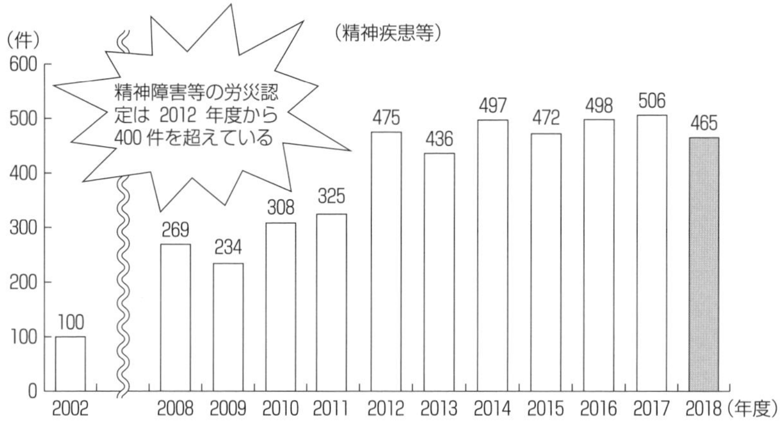

図 1-2-5　**精神疾患等に係る労働災害認定件数**（2018年度厚生労働省資料）

さらに労災認定者は，減っていないのが今日の産業現場の実態である。

　2014年の結果では，脳・心臓疾患の請求件数が763件，決定件数は637件，うち支給決定件数は277件（認定率43.5%）であった。2011年から支給決定件数は300件を超えていたが，2014年は初めて300件を切った。

　一方，精神障害は請求件数が1,456件，決定件数は1,307件，うち支給決定件数は497件（認定率38.0%）であった。2012年から支給決定件数は400件を超え2010年から300件を超え，これまでの中で最も多い件数である。これを受けて，厚労省は2014年6月に労働安全衛生法のさらなる改正を目的とし

て，2015 年 12 月 1 日から企業規模 50 名以上の事業所にストレスチェックを
義務づけた。

2-1　長時間労働の実態について

　わが国の長時間労働の現況はどうであろうか。『データブック国際労働比較
2018』（労働政策研究・研修機構，2018）によると，自営業も含む就業者の労
働時間は，2016 年のわが国は年間 1,713 時間である。2000 年は 1,821 時間で
約 110 時間の減少，1990 年は 2,031 時間でおよそ 25 年の中で 320 時間の減少
である。アメリカ合衆国が 1,783 時間に対して，2000 年は 1,834 時間，1990
年は 1,831 時間でいずれも約 50 時間の減少，ヨーロッパではドイツが 1,363
時間に対して，2000 年は 1,452 時間で約 90 時間の減少，1990 年が 1,578 時間
で 215 時間の減少であった。フランスは 1,472 時間に対して，2000 年は 1,535
時間で約 60 時間，1990 年が 1,665 時間で 193 時間の減少である。
　特に，わが国の減少は際立っている。また，ドイツやフランスの減少ももと
もと労働時間が少ないうえに減少していて顕著である。
　次に，週 49 時間以上の長時間労働者の割合は 2013 年現在，男性は 30％を
超え，女性も 10％と世界各国に比べ高い。また，総務省統計局「就業構造基
本調査，2012」のデータからも男性は 45-59 時間が 23.6％，60 時間以上が
16.9％であった。一方女性は，45-59 時間が 15.3％，60 時間以上が 7.5％であ
った。正規雇用者の男性の約 17％，女性の約 8％が 60 時間以上働いている実
態である。以上から，わが国の労働時間の増減は 25 年の中で最も大きく多い
が，裁量労働制を導入している大企業では，実際の数値が正確に表れていない
ことを考えると，これより多いことが予想される。

2-2　長時間労働による問題

　長時間労働については健康問題との関連が数多く研究されている。岩崎
（2008）によると，長時間労働は仕事負荷を増加させ，仕事以外の時間の減少
によって疲労回復時間を減らすことで健康への影響を強く与えるものである。

それにより脳・心臓疾患リスクを増加させ，睡眠時間の減少，疲労，心身の不調に大きな影響を与えているとしている。そして，深刻な問題として現れるのが過労死問題である。過労死は，大きくは脳・心臓疾患と精神疾患に大別される（http://www.sakai.zaq.ne.jp/karoushirenn/）。

　次に，前述の今日の過労死問題に大きな影響があった事件を挙げる。1991年に起こった前述の大手広告会社の電通過労死自殺事件は，社員のＯさん（当時24歳）の自殺をめぐり両親が「自殺は長時間労働の過労によるうつ病が原因」と主張して息子の勤務先であった電通に対して損害賠償請求を起こした事件である。ここでは要点だけをまとめる。

　Ｏさんは大学卒業後1990年4月に入社し，ラジオ局に配属され企画立案などの仕事を担当していたが，長時間の残業が続き，担当のイベントが終了した直後の翌年の1991年8月に自ら命を絶った。両親は，1993年に東京地裁に裁判を起こした。第1審判決は1996年に東京地裁であり，控訴審での東京高裁の判決が翌年にあった。両判決とも電通側の責任を認めたが，東京地裁が企業側の責任を全面的に認めて約1億2,600万円の賠償金の支払いを命じたのに対して，東京高裁はＯさんのもともとの性格が自殺の一因である，また両親側にも自殺を防ぐ方策があったはずであるなどと判断し，賠償額を約8,900万に減額した。そのために，会社，両親双方ともにこの判決を不服として最高裁判所に上告をしたところ，2000年3月24日に本件に対する判決が下された。判決内容は，最高裁は電通の責任を明確に認める判断を下したうえで，本人や両親側の事情で賠償額を減額するべきでないとした。この最高裁判決は，長時間労働と自殺との因果関係を認定し，当該企業の責任を明確に認めた最初の判決となり，その後の労働行政，企業責任にも大きな影響を及ぼした。特に注目される最高裁判決は，企業の基本的な義務として，「会社は，業務の遂行に伴う疲労や心理的負荷等が過度に蓄積して労働者の心身の健康を損なうことがないよう注意する義務がある」とした点である。

　また，心臓関係疾患では関西科大学研修医急性心筋梗塞死事件がある。大阪地裁が2002年2月に第1審判決，続いて大阪高裁の裁判で2004年7月に判決が出た。

　研修医の森大仁さん（当時26歳，以下Ｍさんとする）は，1998年6月から

大学附属病院で研修を開始した。研修は，午前 7 時 30 分から午後 10 時過ぎの連日 15 時間以上に及び，指導医から指導を受ける他にも一医師として一人で患者への点滴や採血，診察と処置を行い，夜遅くまで医局の雑用やデータ整理も任されていた。外来が長引き，昼食が午後 4 時ごろとなることもあった。1998 年 8 月自宅マンションに帰宅後Ｍさんは突然死した。

　争点は，①病院における研修実態，②Ｍさんの研修業務と死亡との因果関係，③安全配慮義務違反の有無，④過失相殺および素因減額の可否等による損害賠償である。裁判は控訴審となり，被控訴人はＭさんの両親で，病院は著しく過重な研修（労働）に従事させたことに起因する過労死で，控訴人である病院側には安全配慮義務違反があった旨主張し，逸失利益，慰謝料等の損害賠償請求を請求した。判決は，病院側が被控訴人であるＭさん両親にそれぞれ 42,173,179 円支払うように命じた。

　労災認定，過労死訴訟で必ず取り上げられる問題として，脳・心臓疾患と精神的疾患ともに安全配慮義務の問題がある。さらに，長時間労働は健康問題や過労死のみに関わる問題ではなく，若年層の離職率にも影響を与えている。

　大竹・奥平（2008）は長時間労働の問題を考えるにあたり，労働者が仕事中毒（ワーカホリズム：workaholism）[3]になっているか，そうでないかが重要だと述べている。また，仕事中毒の人の定義を〈長時間労働への依存症〉とし，一度仕事中毒になると，本人には長時間労働を止める理由がなくなってきて，ますます長時間労働がひどくなるという悪循環に陥るとも述べている。

　ところで，懸命に義務感として働く「仕事中毒」（ワーカホリズム）の考え方と，これに対していきいきと楽しく働く「仕事の充実」（ワーク・エンゲイジメント：work engagement）の考え方がある。もともとワーク・エンゲイジメントは，オランダのシャウフェリら（Schaufeli, 2002）が用いた用語で，わが国では島津（2007）が 9 つの質問からなるワーク・エンゲイジメント尺度を考案した。ここでは，図 1-2-6 に島津が提案したものを光宮・森下（2015）が改変したものを示す。

　第一象限と対極にある第三象限は「燃えつき状態」（バーンアウト：burn-

3）　ワーカホリズムは，「ワーカホリック」と表記する先行研究もみられるが，本書では「ワーカホリズム」とする。

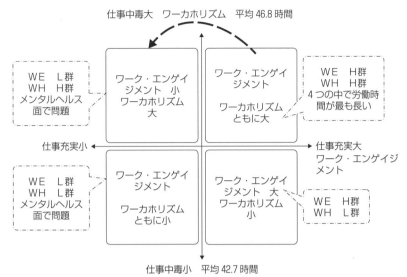

仕事中毒大　ワーカホリズム　平均 46.8 時間

| WE　L群
WH　H群
メンタルヘルス
面で問題 | ワーク・エンゲイ
ジメント　小
ワーカホリズム
大 | ワーク・エンゲイ
ジメント

ワーカホリズム
ともに大 | WE　H群
WH　H群
4 つの中で労働時
間が最も長い |

仕事充実小　　　　　　　　　　　　　　　　　　　　仕事充実大
　　　　　　　　　　　　　　　　　　　　　　　　ワーク・エンゲイジ
　　　　　　　　　　　　　　　　　　　　　　　　メント

| WE　L群
WH　L群
メンタルヘルス
面で問題 | ワーク・エンゲイ
ジメント

ワーカホリズム
ともに小 | ワーク・エンゲイ
ジメント　大
ワーカホリズム
小 | WE　H群
WH　L群 |

仕事中毒小　平均 42.7 時間

図 1-2-6　ワーク・エンゲイジメントとワーカホリズムの労働時間の関係

out）を示す。その間の第二象限には，仕事に没頭し，義務的に懸命に働く「仕事中毒の状態」（ワーカホリズム）がある。

　メンタルヘルスの視点からは，「仕事の充実状態」いきいきと楽しく働くこと（ワーク・エンゲイジメント）と第四象限の「リラックス状態」（静かでゆったりとした落ち着いた状態）を行き交うなかで仕事に従事することがメンタルヘルス不調に陥らないだろうことは明らかである。

　また，有給休暇の制度も働き方改革の大きな柱である。年次有給休暇については，年 10 日以上与えられている従業員に対しては，企業は 5 日以上消化させることが義務づけられている。なお，適用外の仕事は新技術・新商品などの研究開発，運用が遅れる仕事（5 年）は，建設，運輸（運転），医師，砂糖製造（鹿児島，沖縄）である。

　さらに，終業から始業まで一定の休息時間を確保する勤務間インターバル制度については，努力義務が課される。例えば，休息 11 時間の場合は，18 時に終業その日は 23 時まで残業，勤務後翌日が 8 時に始業の場合は休息は 9 時間しか取れていない。2019 年 4 月からは，11 時間のインターバルを設けると前日 23 時に仕事が終われば翌日は 10 時からの始業となる。これは過労死対策の

切り札とみられる。ただし，努力義務とされている。

　また，高度プロフェッショナル制度は，一方では労働時間規制が強化されるが，他方では緩和される側面をもつ。例えば，年収 1,075 万円以上の一部専門職（金融商品開発やデーリングなど 5 業種）については労働時間に関する保護から外せるようになる。本人の同意が条件であるが，年 104 日以上 4 週間で 4 日以上の休日の確保措置がある。しかし，一応健康確保措置はあるものの，際限なしの労働が強化される懸念がある。そこには，本人の同意と労使による委員会で認められるという条件が前提である。ただし，時間管理に対してはチェックの仕組みがないために問題点が残されているだろう。

3．女性の雇用・職業問題について

　2018 年の女性の役員を除く雇用者数は，女性が 2,671 万人で，うち正規の職員・従業員が 1,138 万人，非正規が 1,451 万人である。男性は，正規が 2,347 万人，非正規が 669 万人合わせて 3,016 万人である。ここでは，特に女性に絞って述べると，5 年前の 2014 年が 2,273 万人で正規 1,019 万人，非正規 1,223 万人であった。10 年前にさかのぼっては，2,144 万人で正規が 1,050 万人，非正規が 1,200 万人であった。

　2014 年の女性非正規の職員・従業員は 1,335 万人で，男性のそれが 631 万人であるのに対して約 2 倍となる。なかでもパート・アルバイトが 1,042 万人で女性の非正規の 80％に達し，圧倒的に多いことがわかる。契約社員となると男性，女性がそれぞれ 156 万人と 138 万人であまり差がない。ここから類推すれば，非正規の約 7 割近くは女性が占めていることになる。またその背景として，女性では非正規が正規をやや上回っている一方で，男性では非正規は正規の 2 割余にとどまるという現実がある。

　そのようななか，総務省が 2019 年 7 月 30 日に発表の 6 月の労働力調査で女性の就業者数が，前年同月より 53 万人増えて 3,003 万人となったことが明らかになった。男性は 7 万人増の 3,744 万人だった。ただ，男女差は縮まりつつあり，また働き手の半分程度は非正規雇用である。この 20 年の中で女性は 450 万人，男性が 58 万増で伸びは著しい。圧倒的な女性の社会進出に加え，

人手不足に直面した企業側が女性の積極的採用に踏み切ったことによることが見て取れる。

　次に，法的問題である。男女雇用機会均等法（1986 年，以下均等法）が施行され，2019 年で 33 年目になる。同法は，また改正労働基準法（1988 年）とも連動し，女子の時間外労働や休日労働，あるいは深夜勤務等についても規制が緩和された。

　労働に関する法律としては，労働者に直接かかわる労働時間や給与について取り上げられている労働基準法がある。労働者の安全と衛生についての基準を定めた労働安全衛生法は，1972 年に誕生，何度もの改正により，今日に至っている。1988 年 9 月には「事業場における労働者の健康保持増進のための指針」が公示された。この指針は，労働安全衛生法第 70 条の 2 の「厚生労働大臣は，第六十九条第一項の事業者が講ずべき健康の保持増進のための措置に関して，その適切かつ有効な実施を図るため必要な指針を公表するものとする」に基づいている。前述の第 69 条には「事業者は，労働者に対する健康教育及び健康相談その他労働者の健康の保持増進を図るため必要な措置を継続的かつ計画的に講ずるように努めなければならない」と記載されており，この措置を「健康保持増進対策」と呼ぶようになった。指針内には「メンタルヘルスケア」という用語が登場した。2000 年 8 月には「労働者の心の健康の保持増進のための指針」が出され，その後 2006（平成 18）年 3 月 31 日新指針「労働者の心の健康の保持増進のための指針」が公表され，事業場におけるメンタルヘルスケアを向上させ，メンタルヘルス不調を未然に防止することが課題となっている。

　また，2013 年には大疾病にうつ病を含む精神疾患が加えられ，精神疾患に対するケアの重要性が広く知られることとなった。精神疾患につながるメンタルヘルス不調の早期発見・早期治療や再発予防といった観点が重要視されると同時に，近年ではメンタルヘルス不調を予防することが大きな課題となっている。

　2014 年 6 月に公布された「労働安全衛生法の一部を改正する法律」によって，2015 年 12 月から従業員 50 人以上の事業場におけるストレスチェック制度の導入と実施，および結果にもとづく面接指導などが義務化された。ストレ

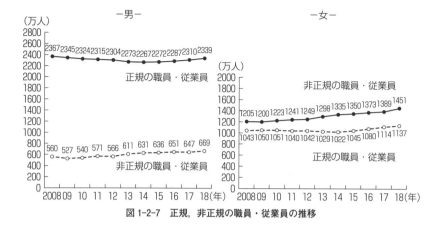

図 1-2-7　正規，非正規の職員・従業員の推移

スチェック制度とは，従業員一人ひとりが自らのストレス状態を把握して，活き活きと働くための制度である。

　雇用形態別雇用者の過去10年の推移をみると，2009年が正規の従業員・職員が役員を除く女性全雇用者100に対して53.3％，2014年は56.6％，2018年は56.1％である。正規の割合はわずかであるが10年前に比べマイナス2.8％の減少，逆に非正規雇用が10年前と比しプラス2.8％である（図1-2-7，厚労省，2019公表）。

　また，1992には，男女勤労者に育児休業を認める「育児休業に関する法律」が施行されたが，95年から30人以下の事業所にも育児休業法が適用され，休業給付金が実現して，条件の整備が図られている。

　女性の労働力率を年齢階層別に見ると，欧米では逆U字型であるのに対して，わが国の場合M字型になる。M字型カーブについては，最初の頂点が1991年は20歳から24歳であったのが，2011年では25-29歳の72.8％に移動している。さらに，M字の底は1991年では30-34歳で51.6％であったのが，2011年には35-39歳で63.9％となり，その後上昇に転じ45-49歳で再び頂点に到達して，減少の傾向にある。M字型になる要因は，女性の場合，結婚や出産を機に労働市場をいったん退出し，育児の手が離れた後，再び労働市場に参入していることが挙げられる。しかし，一方では出産後も就業を続ける就業継続型の割合が増加していて，就業意識も徐々に変わりつつある。また，女性活躍推進

法（2016年4月から施行）が法案として成立したが，今後女性の雇用・職業問題の一層の進展が期待される。

4．正規，非正規の職員・従業員の雇用について

2018年の役員を除く雇用者は，5,605万人となり5年前の2014年の5,266万人に比べ339万人の増加となった。このうち正規の職員・従業員は，2018年が3,485万人で2014年は3,298万人となり188万人の増加となった。一方，非正規（パート，アルバイト，労働者派遣事業所の派遣社員，契約社員，嘱託，その他）の職員・従業員は，2,120万人で5年前の2014年の1,968万人に比べ153万人の増加となった。

男女別では，男性の正規は女性の約2倍の2,347万人と71万人の増加，非正規が669万人で37万人の増加であった。女性の正規は，1,138万人と男性と同様116万人増，非正規が正規より314万人を上回り，1,452万人である。

役員を除く雇用者に占める非正規の職員・従業員の占める割合は37.8％で10年前の2009年が33.7％と比べると，毎年増加の傾向にある（再掲，図1-2-7正規，非正規の職員，従業員の推移参照）。

年齢階層別結果でも，役員を除く正規，非正規の雇用者のうち，15-64歳は男女合わせ2,755万人である。65歳以上は261万人である。ここでは非正規職員・従業員にしぼり詳しく見ることにする。非正規の職員・従業員を男女，年齢階層別に見ると，特に非正規が多い年齢階層は男性では55歳以上の層，女性では35-54歳の層である。

男性の非正規にある人たちの2018年の平均は65歳以上が189万人（28.3％）と最も多く，次いで55-64歳が145万人（21.7％），第3位は15-24歳が127万人（19.0％），25-34歳が83万人（12.4％）である。男性は，55歳以上が1/2を占めている。

これに対して，女性は45-54歳が365万人（25.1％）と最も多く，次いで35-44歳が307万人（21.1％），3位は55-64歳が284万人（19.6％），続いて25-34歳が181万人（12.5％）である。ここから女性は，35-64歳の層で全体の2/3を占めることがわかる。

　役員を除く雇用者の非正規とは，パート，アルバイト，労働者派遣事業所の派遣社員，契約社員，嘱託，その他のことである。

4-1　パートタイム労働者の問題

　1993 年に「短時間労働者の雇用管理の改善等に関する法律」（いわゆる，パートタイム労働法）が制定されたが，パートタイマー（法律用語では「短時間労働者」）を，「1 週間の所定労働時間が同一の事業所に雇用される通常の労働者の 1 週間の所定労働時間に比し短い労働者」と定義している。

　法律は 2007 年に改正（施行：2008 年 4 月），さらに 2014 年に改正（施行：2015 年 4 月）された。以下では，2007 年改正後のパートタイム労働法，2015 年の改正後の概要について説明を加える。

　パートタイム労働法は，短時間労働者の適正な労働条件の確保，雇用管理の改善，通常の労働者への転換の推進などの措置等を講じることによって，通常の労働者との均衡のとれた待遇の確保等を図ることを通じて，短時間の労働者の福祉の増進を図ることを目的としている。また，パートタイム労働者は，①1 日の所定労働時間が一般の労働者より短い，②1 日の所定労働時間が一般の労働者と同じで一週の所定労働日数が一般の労働者より少ない者を言う。

　2015 年 4 月から施行された法律では，①正社員との差別的取扱いが禁止されるパートタイム労働者の対象範囲の拡大や，②パートタイム労働者の待遇の原則の新設が盛り込まれた。パートタイム労働者の対象は，例えば，パート，アルバイト，臨時社員，準社員等，呼び方は異なっても前述の条件に当てはまる労働者は，パートタイム労働法におけるパートタイム労働者である。

　次に，非正規の職員・従業員のパート・アルバイトの雇用状況を男女別で見てみる。男性の総数が 347 万人で 15-24 歳が最も多く 111 万人，続いて 65 歳以上が 105 万人である。女性の総数は 1143 万人で 35-44 歳と 45-54 歳が，それぞれ 237 万人と 290 万人で多く，55-64 歳も 226 万人と全体の 7 割弱を占めている。女性の非正規従業員の割合が 56.7% と高く，しかも上述の通りパートタイマーが 8 割弱を占めているのが見てとれる。

4-2　派遣労働者の問題

　2015 年 6 月に成立した労働者派遣法は，派遣社員は同じ職場で働ける期間が 3 年，人を入れ替えれば企業は派遣社員をずっと受け入れることが可能になる法律である。すなわち，受け入れ企業にあっては派遣受け入れ期間の上限を事実上撤廃，一方派遣会社に無期雇用される派遣社員は，同じ派遣先の職場でずっと働くことができる。しかし，派遣会社にリスクが生じるので，少なくなることが予想される。

　派遣会社は派遣社員への教育訓練をし，雇用安定処置が義務づけられ，また，派遣事業はすべて許可制であることが骨子である。

　もともと労働者派遣法（1986 年）は，第 1 条に，派遣労働者の雇用の安定とその他福祉の増進を図ることを目的とするためとして，①職業安定法と相まって労働力の需要の適正な調整を図るため労働者派遣事業の適正な運営の確保に関する措置を講ずること，②派遣労働者の就業に関する条件の整備等を図ることとした 2 つの柱を基礎としている。1999 年，2012 と改正派遣法が成立し，さらに 2015 年に改正された経緯がある。

　派遣労働は，1986 年から常用雇用の例外として認められ，1999 年の改定で港湾運送，建築，警備，医療，物の製造以外は原則自由化されている。

　2004 年には製造業に解禁され 2008 年に 200 万人の就労を超えたが，リーマンショックで「派遣切り」が行われ社会問題化した。2018 年の労働者派遣事業所の派遣社員の総数は 136 万人である。男性が 51 万人，女性が 85 万人である。また，派遣労働者実態調査（厚労省，2012）によると派遣労働者の今後の働き方に対する希望は，「派遣労働者として働きたい」が 43.1%，「派遣社員ではなく正社員として働きたい」が 43.2% と回答が拮抗している。

5．外国人労働者について

　日本経済を現状のまま維持をするには，外国人労働者なしで成り立たなくなっている。特に建設業やサービス業などで深刻な人手不足に悩む業種でその不足を埋めているのはアルバイトなどの留学生と外国人技能実習生（いずれも

30 万人）の外国人労働者である。

外国人労働者に対するわが国の方針は，「まず，外国人労働者については，経済社会の活性化や，国際化を図る観点から，専門的，技術的分野の労働者については可能な限り受け入れる。一方，いわゆる，単純労働者の受け入れは，高齢者問題もあることから慎重に対応することが重要である」ことを考慮して現在進められている。他方，非熟練・低賃金労働は，外国人労働者が担っており，特に製造業は外国人労働者がいなければ立ち行かない状況となっている。

厚労省の 2018 年 10 月末で留学も含む外国人の雇用状況（2019 年 1 月 25 日公表）について，146 万人で前年同期比 18 万人増，2007 年の届け出が義務化されて以来最高の人数である。国籍では中国が 38.9 万人，次いでベトナムが 31.7 万人，フィリピンが 16.4 万人と続く。第 4 位はネパールが 8.2 万人，韓国が 6.3 万人，インドネシアは 4.2 万人を数えている。なかでも東南アジアの増加が著しい。

在留資格別では，「専門的・技術的分野の在留資格」が 27.7 万人，また，「永住者や日本人の配偶者などで身分にもとづく在留資格」の労働者数は 49.5 万人である。「技能実習」は 30.8 万人を数えている。アルバイトをする留学生などの「資格なし活動」が約 34.4 万人，「外国人技能実習」が約 30.8 万人，技能実習は長時間労働が問題となり，2017 年秋には技能実習適正化法が施行された。そのようななか特定技能が 2019 年 4 月から後述のとおり 2 つの特定技能であるが，「相当程度の技能や知識」をもつ 1 号と「熟練した技能」の 2 号が定められた。「特定活動」は現在 3.6 万人にのぼる。特例により特定活動の在留資格が得られる建設業が増加している。産業別では，製造業が全体の 29.7% で最も多く，次いでサービス業（他に分類されないものも含む）が続き 15.8%，卸売・小売業と宿泊・飲食サービス業がともに 12.7% となっている。

2019 年 4 月から改正出入国管理法が施行された。新たな在留資格（特定技能）によって，今後 5 年間で約 34 万人の受け入れを見込んでいる。

業種のうち，労働生産性（労働者が 1 人当たり，または 1 時間当たりでどのくらい成果を生むかの指標）の低いものは，介護 6.0 万人，外食 5.3 万人，ビルクリーニング業 3.7 万人，農業 3.65 万人，飲食料品製造業 3.4 万人へ振り分けられている。逆に労働生産性が低くない建設業が 4.0 万人となっている。

特定技能のフローチャートは，技能実習生と留学生に分けることができる。

①技能実習生―家族帯同はできない。転居・転職も原則不可。

　滞在期間は最長 5 年間，80 職種で農漁業，衣服製造など。日本人と同等以上の賃金。

②約 3 年間の経験があれば，無試験で特定技能 1 号（家族の帯同は不可。転居は自由，転職は同業種内は可）となる。

③留学生―家族帯同は可。日本語学校，専門学校，短大，大学，大学院の学生。労働時間は，1 週間に 28 時間まで。資格外活動のアルバイト（コンビニや外食チェーン）など。

$$\boxed{\text{①と③は技能試験＋日本語能力試験が課せられる}}$$

$$\downarrow$$

$$\boxed{\text{特定技能 1 号}}$$

$$\downarrow$$

滞在期間は最長で通算 5 年，対象は 14 職種。
いずれも技能試験で特定試験が合格できたら特定技能 2 号が与えられる。家族帯同，滞在期間は資格更新が続く限り可。
建設，造船のみ。

$$\downarrow$$

$$\boxed{\text{技能試験}}$$

$$\downarrow$$

特定技能 2 号
家族帯同：可。滞在期間は資格更新が続く限り。
対象：2 業種建設，造船のみ。

　特に，技能労働者については東日本大震災からの復興事業と 2020 年の東京オリンピック・パラリンピックの関連施設整備等による建設需要が相当見込まれる。そのために建設分野の技能実習修了者の国内での在留に優遇措置が取られることになったので今後の大幅な人数増が予想される。

６．高齢者の雇用について

　国は，働きたい高齢者に対して 70 歳までの雇用確保に向けた企業の努力義務を設けた。現行法では定年の 60 歳を過ぎても働きたい人に対しては，①定年制の廃止，②定年の引き上げ，③定年後に継続雇用のいずれかにより 65 歳まで継続雇用できる仕組みを義務づけている。さらに 65 歳までの現行制度の義務を維持しつつ雇用確保期間を 70 歳までに引き上げる。これまでの 3 つに加え，④他企業への再就職のあっせん，⑤フリーランスとして活動できる資金の提供，⑥起業支援，⑦ NPO 法人など社会貢献活動への資金提供の 7 つの中で選べる仕組みづくりを目指すことになった。

　まずは努力義務，将来は義務化も想定しているが，ここで取り上げた 7 つの選択肢については，企業が労使協議を経て選択肢を選んでもらうという仕組みとなるのだろう。2020 年には高年齢者雇用安定法改正案を定めて人材不足を補うことになる。人口減少が加速するなか働く高齢者を増やすことが急務である。

第 3 章

働く人たちのライフ・スタイル問題

1. ライフ・スタイルとは

2000 年に入り，わが国では行政側で，ワーク・ライフ・バランス（work & life balance）の問題が取り上げられた。厚生労働省男女共同参画会議や労働組合の連合から以下のような考え方が示された。

内閣府男女共同参画会議　仕事と生活に関する専門調査会（2007）では，

■老若男女誰もが，仕事，家庭生活，地域生活，個人の自己啓発など，様々な活動について，自ら希望するバランスで展開できる状態であるとする。

また，日本労働組合総連合会（連合，2008）は，仕事と生活の調和が実現した社会の姿とその実現に向けた「行動指針」として，

■仕事と生活の調和が実現した社会とは，国民一人ひとりがやりがいや充実感を感じながら働き，仕事上の責任を果たすとともに，家庭や地域生活などにおいても，子育て期，中高年期といった人生の各段階に応じて多様な生き方が選択・実現できる社会であるとする。

ワーク・ライフ・バランスの問題について，2007 年に「憲章」および「行動指針」の策定がなされ，2010 年 6 月に改定されている。憲章が必要となった背景には，「仕事と生活が両立しにくい現実」があり，「多様な働き方の模索」する一方で「人や地域とのつながりを得る機会」を探る必要があるとの認識がある（内閣府，2010）。しかし，現実には仕事と仕事以外の生活の優先度や時間配分などにおいて，男女ともに希望と現実に大きな乖離があることも報告されている（林ら，2009）。また，大森（2010）は，在職者が仕事と生活の調和を図るにしても希望を満たすことができないという，仕事と生活の葛藤状態（ワーク・ライフ・コンフリクト；内閣府，2007）は，個人の希望する時間

35

配分と現実の時間配分の乖離から生じるとしている。

　さらに，ワーク・ライフ・バランスは精神的健康や生活満足度と無関係ではなく，メンタルヘルス不調を予防するためには，その保障が必要不可欠な要素と言える。内閣府男女共同参画局（2007）は，ワーク・ライフ・バランスの内容を理解するための重要な 3 つのポイントを挙げている。

　まず 1 点目は，「ワーク・ライフ・バランスはあらゆる人のためのもの」であること， 2 点目は「人生の段階に応じて，自ら希望する『バランス』を決めることができるもの」であること， 3 点目は，「ワーク・ライフ・バランスは『仕事の充実』と『仕事以外の生活の充実』の好循環をもたらすもの」であることの 3 点である。ここで，ワーク・ライフ・バランスとは，仕事と生活にバランスよくエネルギーや時間を使うとともに，現実と希望の差が少ないことを言う。

　これらを踏まえ，森下（2015）が取り組んだ研究から働く人たちの意識を考えてみる。今日の在職者が，どのような意識のなかで仕事をどう位置づけているか，また，仕事・会社以外の生活はどうかということである。彼らは，例えば仕事以外にスポーツや趣味などの余暇生活や地域社会での社会生活に対してどのような取り組みをはかっているのか。また彼らはそれらをどれほど求めているのか。そして現状と希望（どのようでありたいか）はどうか。これらの点から，これからの働く人たちの仕事と生活のあり方への示唆となることがあればそれは何かを探求することにする。調査は筆者自身が所属する NIP 研究会で作成したライフ・スタイル調査（27 項目からなる簡易式調査票，1995）を用い，在職者に焦点を当てて研究を進めた。

2．ライフ・スタイル調査

2-1　調査票の仕組みと 9 つのセルの枠組み

　ライフ・スタイルについて，図 1-3-8 のとおり，横軸に生活様式，すなわちわれわれが 1 日，いや生涯を通して暮らす場（環境）を設定する。そこは，労働・仕事の場，生活・家庭の場，そしてそれ以外に地域社会も含めたもっと広

場 意識	労働の場	生活の場	社会の場
仕事	①	②	③
余暇・自由	④	⑤	⑥
社会・奉仕	⑦	⑧	⑨

図1-3-8　ライフ・スタイルの枠組み

い社会の場の3つに分けることができる。縦軸は，われわれの心理的側面を配し，その人がどこに軸足を置くかという意識面を取り扱った。すると，この横軸，縦軸から3×3のセルができる。ここで典型的なセルについて見てみよう。例えば，①労働の場における仕事の意識について；このセルは，何よりも仕事が優先され，仕事の中で生きがいを見出すという，仕事中心の意識である。⑤生活の場における余暇・生活の意識について；このセルは，何よりも生活中心の意識である。また，⑨社会の場における社会・奉仕活動について；このセルは，社会活動が何より優先され地域の自治会や子ども会などへの現状と希望を問うた社会活動中心の意識である。

　現実の意識面については，取り組みの状態を現状認知という形で捉えた。回答は，十分にそのような状況にあれば「多い」に，逆にそういう状況にない場合は「少ない」として現状を把握した。一方，働く人たちが仕事や生活，社会のなかで求めているものは何かを，すなわち，仕事に対するやりがいを求めるのか，趣味やスポーツをもっとしたいのかなどの希望の程度について聞き，回答は，「強く思う」から「思わない」の5件法で求めた。

2-2　ライフ・スタイルパターンの概要

　3つの意識軸の平均値を求め，1）まず，在職者がどのようなライフ・スタイルを描いているかを見る。プロフィールから見たライフ・スタイルパターンを取り上げることができる。

　次に，プロフィールで描かれた三角形の総面積から何が読み取れるかという新たな視点から，2）在職者のライフ・スタイルパターンを取り出し，総面積

を求め，比較検討する。

（1）　プロフィールから見たライフ・スタイルパターンによる検討

　男性の企業従業員，1,224名を対象にした調査から，特徴として見出される
4つのライフ・スタイルパターンを取り上げることができる。それらを図
1-3-9，1-3-10，1-3-11，1-3-12に示した。また，図1-3-13に筆者が扱った
事例から読み取れるパターンを取り上げる。

　①仕事充実型のライフ・スタイルの結果（$N=46$）　　各意識の最大値は
4.00，最小値は0である。4つのプロフィールの中では，仕事意識の現状が
2.57である。また希望は2.86で著しく高い。

　②余暇充実型のライフ・スタイル結果（$N=45$）　　余暇・生活意識の現状
が2.44で希望が3.70とこれも著しく高く，逆に社会・奉仕の現状が0.76で
低く弱い。

　③仕事回避型のライフ・スタイル結果（$N=41$）　　仕事の現状への取り組
みが1.25で最も弱く，低い値を示していて，希望も0.82というきわめて低い
値である。3つの意識軸の中では，余暇・生活意識の希望が抜きん出ているが，
形状の三角形はいびつな型を示している。特に，社会活動の現状が0.41，希

仕事充実型		仕事	生活	社会
	現状	2.57	1.98	1.52
	希望	2.86	2.64	1.93

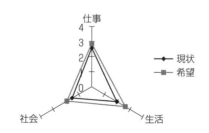

現状の総面積　5.20cm²
希望の総面積　7.87cm²

図1-3-9　仕事充実型のライフ・スタイルプロフィール

仕事回避型

	仕事	生活	社会
現状	1.25	1.69	0.41
希望	0.82	2.53	0.53

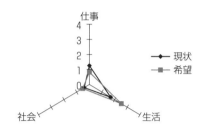

現状の総面積　1.44cm²
希望の総面積　1.67cm²

図 1-3-10　仕事回避型のライフ・スタイルプロフィール

余暇充実型

	仕事	生活	社会
現状	1.90	2.44	0.76
希望	1.70	3.70	1.84

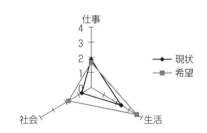

現状の総面積　3.44cm²
希望の総面積　7.03cm²

図 1-3-11　余暇充実型のライフ・スタイルプロフィール

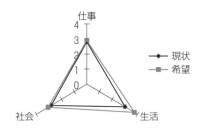

社会活動充実 （バランス）型		仕事	生活	社会
	現状	2.16	2.32	2.17
	希望	2.23	2.88	2.36

現状の総面積　6.38cm²
希望の総面積　8.00cm²

図1-3-12　社会活動充実型のライフ・スタイルプロフィール

望は0.53と低く，活動水準がきわめて弱い。

　④バランス型（社会活動充実型）のライフ・スタイル結果（N=67）　社会・奉仕意識の現状が2.17で希望が2.36で他より抜きん出ていて，仕事意識は余暇充実型より現状と希望がともに高い。この形状は，他の3つのプロフィールに比べると，ほぼ正三角形を描きバランスが保たれている。

（2）　プロフィールから見たライフ・スタイルの形状と面積による検討

　ここでは，ライフ・スタイルのプロフィールの形状に注目をして三角形の面積からこの問題を取り上げてみる。4つのライフ・スタイルパターンと面積について，仕事回避型が一番面積が小さく，反対にバランス型（社会活動充実型）は現在の取り組みを示す現状も，もっとやりたいとする希望も面積が最も大きく3領域とも数値が高くバランスが取れていることが読み取れる。

（3）　総合病院心療内科の受診者のライフ・スタイルの形状と面積の違い

【事例】40代前半　男性　会社勤め　既婚　課長職　うつ状態。

　主訴：毎日憂鬱でたまらないとの訴えである。途中覚醒があって不安感がある。当時上司であった次長とは軋轢があった。来談の1年前に次長が転勤，転

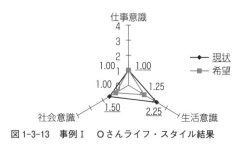

○ 課長		仕事意識	生活意識	社会意識
	現状	1.00	2.25	1.50
	希望	1.00	1.25	1.00

図 1-3-13　事例 I　○さんライフ・スタイル結果

勤を機に部下の面倒を見ることになった。商品開発の技術者で上司との軋轢が大きい時に希死念慮が強く，近くの総合病院心療内科を受診，休職をせずに勤務。その時にライフ・スタイル調査票を実施した。

　仕事の現状は低く，家庭，家族余暇の生活の現状も，もっとやりたいの希望は低くて弱い。また，社会の現状は，子どもが校区内でスポーツ活動をしていて，親が世話役として参加が求められているため結構高い。一方，もっとしたいは低い。これから 3 領域の取り組みは，仕事の現状が低く，もっとやりたいの希望は 1 で低く，生活や社会の領域も低いことから，エネルギーがいまだ十分でないとうかがえる。また，総面積は現状は $3.09\,\mathrm{cm}^2$ あるものの，希望となると $1.52\,\mathrm{cm}^2$ で狭く小さい。このような総合的な把握ができた。

　以上から，ライフ・スタイル問題はメンタルヘルスとの関わりで事例および仕事回避型のライフ・スタイルパターンに見られるように現状と希望の乖離，またいびつな形状は注視すべき課題であると言える。

第4章

産業心理臨床の問題

1. 産業心理臨床とカウンセリング

　産業領域の心理臨床は，①精神障害，疾患（mental disorder）を対象とする個人療法のカウンセリング，②メンタルヘルス不調（mental unhealthy state）を主とする個別心理相談のカウンセリング，③この10年特に目立っているキャリアの問題に関わる個別心理相談のカウンセリング，④クライエントが所属している職場関係者を対象とするコンサルテーション，⑤それに予防管理を主とする従業員，管理・監督者を対象とするメンタルヘルス教育などがある。

　これからの産業心理臨床は，①の精神障害を治療する位置づけより，②のメンタルヘルス不調を主とするカウンセリングが中心である。来談者の心の健康増進，心の成長モデルを提供するものとして行われることが重要である。

　①にしても②にしても病理のアセスメントは重要であるが，この場合は特に職場環境のアセスメントも行う必要がある。基本は，成長モデルにもとづく産業心理臨床の展開が必要になる。病理については専門医との連携，投薬による治療をしながら心理療法を加える。産業臨床の領域の①の場合，当該企業の健康保険組合（病院や健康管理センター）の中での臨床心理士・公認心理師の業務は，個人サービスとしての援助的機能をもつ活動が中心となる。特に病院の場合は，精神科医のもと病理モデルを基本とするカウンセリングが行われる。また，⑤の場合は，健康管理と安全管理を統合したメンタルヘルス教育に重きをおいた，臨床心理士，公認心理師の教育的機能に活躍の道が開かれる。⑤は，援助的機能はほとんどなく，層別教育を通じてメンタルヘルスの啓発，また，調査を通じた職場環境の測定や個人のストレス度チェックなどが活動の中心と

なる。③の場合では，扱うすべてのケースの1/4は，キャリアに関わる開発モデルが含まれる。いずれにしても産業心理臨床が機能する場は多くあるのである。

2．産業心理臨床の中立性，独立性と独自性

　産業現場のカウンセラーは，人事・会社側の立場に立脚するのではなく，中立性，独立性および独自性をもった存在であることが来談者にとっても，また職制側にとっても益するところが大である。そのためには，組織から距離をとって関わることが必要となる。ただし，企業の置かれた環境，状況，人事諸制度には精通していなくてはならない。例えば，休職に伴う処遇，復職も含めた諸規定など，来談者の生活に関わることが具体的な形で出てくるからである。相談室が組織内にあっても外にあっても，メンタルヘルス不調者をサポートする場合，個人カウンセリングが原点にある。組織，会社，仕事，場合によっては家庭生活に対する心の健康の回復への援助と自己実現が最大のねらいである。

　繰り返しになるが，来談者側，企業側の中立的な位置にカウンセラー自身のスタンスを置くことが肝要である。また，その上にさらに，カウンセリング場面での守秘義務の責務がある。相談内容は，その守秘義務が保障されてはじめて個人の尊重，人間尊重が保たれる。相談内容の他者への漏れはあってはならないことである。

　組織からの独自性を前に述べた。ただ，組織上の問題については，来談者や職制上の管理・監督者，人事担当者とともに考えることが必要で，そうした組織全体での共有が事例によってはよい結果を生み出すことがある。直接筆者が関わった事例では，面接と上司や人事担当者とのコンサルテーションを通し，職制についての検討を重ねた結果，来談者に対する筆者自身の誤った理解を見直すきっかけとなる場合や，来談者自身が組織を見直す機会にもなったことが多々あるからである。

　例えば人間関係の崩れで休職に至った来談者の事例でも，復職へ導くために来談者とのカウンセリングを展開し，また職制の上司，管理職や労働組合の責任者，産業医との面談などのコンサルテーションがこのように繰り広げられた。

　ところで，産業場面のカウンセリングでカウンセラーが最も陥りやすいことがある。それは組織の中に，企業倫理の中にカウンセラー自身を埋没させてしまうことである。ここに再度強調したい点は，産業領域のカウンセラーは，中立性と独立性，独自性をもつことが必要であるということである。すなわち，心理的距離を保つことによって独自性は維持できる。

3．他職種との連携について

　産業心理臨床では，実際職場不適応のケースに多く接する。ここでは，働くたちに生じる職場不適応の具体的問題を取り上げる。職場不適応の1つに，前述の①で挙げた mental disorder を核とするケースがある。また具体的な精神障害，疾患として，統合失調症，双極性感情障害，大うつ病，アルコール依存症などがあり，それらの来談者には，専門医による投薬治療が求められると同時に個人療法によるカウンセリングの必要性がある。特に，産業組織体に働くカウンセラーは，精神疾患の来談者のケースをもつと精神科医との連携が必要とされる。

　次に2つ目は，サブクリニカルな意味での職場不適応で，ごく一般的に落ち込んだり，意欲の喪失，イライラが頻繁に起こったり，胃痛や頭痛，頭重など種々の心身の不調を問題とする不適応状態の訴えがある。この場合は，2つのタイプがある。

　1つには，働く人たちの抑うつ感や不全感などの内的不適応感のケースと，2つめには，胃の不快感，動悸が頻繁に起こる，食欲不振，不眠などの身体的愁訴を抱えるケースである。特に，身体的愁訴による職場不適応は，①職場内の問題から生じるストレスや，②本人のパーソナリテイから生じるケース，また，③問題を抱えた人たちの家族や家庭が絡むケース，④自身の発達課題から生じる職場不適応のケースがある。

　そこで，職場内の問題についてはより大きな視点に立って，組織環境を構成する職場ストレッサー（ストレスの原因）を正確に把握することが重要となる。原因である背景要因には，当該組織に直接関わる経営方針・施策の問題や課題があり，それはそこで働く人たちに覆いかぶさってくる組織ストレスとなるこ

とである。昨今の経営のグローバル化のなかで同業種の合併や統合，吸収と異業種との提携，その連携からさらに先を見据えた統合，合併などが起こってくる。そこで経営トップから発せられる経営方針や事業施策は当該産業組織体に働く従業員には個人レベルをはるかに超える組織ストレスがあり，それを直に受けることとなる。それに加えて，具体的な形での個々のストレス要因がある。それは例えば，昇進，昇格，逆の降格，異動に伴う職務内容や仕事の質，量の変化，新しい職場での対人関係などの不都合，当該配属先の組織の課題などの要因である。この両面を押さえたうえで対応することが求められる。

　個々のストレス要因について，例えば異動に伴う単身赴任の問題，単身赴任に関わる家族の事情，最新の技術動向と自身の能力不足の問題，能力発揮とワーク・ライフ・バランスに悩む女性従業員のキャリア問題が数えられるだろう。そこにはうつ症状や不安に伴う睡眠障害などの身体愁訴が付随する。なかには出社拒否もあり得る。働く人たちにとっては上記の原因が個人の心的ストレスを高め，メンタルヘルス不調状態に陥る。そこで必要となりクローズアップされるのが，当該組織を離れた臨床心理士であるカウンセラーの存在である。

　さて，実際のカウンセリング場面での解決に向かっての動きを見てみよう。ここに他領域，他職種との連携（リエゾン）の課題がある。病院等では，チーム医療という言葉がよく使われる。連携とはもともと病院での他専門職種との連携・協働の時に使われている言葉である。医療の領域では，「コンサルテーション・リエゾン精神医学」という観点から来談者の面接やチーム会議を通して本人の治療促進にいかに関与するかということが重要な課題となる。来談者の治療環境を整えるために，カウンセラーが来談者に関する見立てを医師や看護師らに伝えることで医療チームへのコーディネーター的な役割を果たさなければならない。そういう大きな連携のうえでの役割である。

　小此木ら（1992）は，精神医療領域の本来の意味は，精神科医と他科の医療スタッフが継続的な連携システムを作り，他科で受けもつ来談者の精神面の診療を行うことであるとしている。

　リエゾン（liaison：連携）の語源は，もともとフランス語で単語が結びつく連音に由来している。心理臨床で使われているリエゾンは他領域，他部門，他業種の関係者と協力・共同して来談者への援助をなす場合を連携と称する。

　従業員・職員がうつ病で自ら命を絶つ場合がある。もし，予兆行動が見られる場合，特に単身者の場合は自宅に戻った場合は家族がいないためリスクが高まる。勤め先では，職場の上司，同僚，人事担当者が来談者と関わりをもつことが重要である。

　リエゾンにより臨床心理士は来談者の抱える問題に解決の糸口を提供できる存在であろう。筆者は産業領域，特に休職から復職の支援には，医療領域の考え方を参考にする意味で，産業医を中心とする産業保健スタッフとの連携は不可欠であると考える。また，職制の上司，職場を管轄する人事，労働組合担当者も当該来談者を取り巻く環境要因の1つであるから，連携は必須の対象である。こうして見ると，臨床心理士周辺には来談者が関わっている関係者（ステークホルダーと言う）をはじめとして他に，従業員・職員を取り巻く関係者，例えば職場の同僚，先輩，後輩，職場の上司，上司の上の管理職や人事担当者，健康管理室の産業医はじめ，保健師，看護師などの産業保健スタッフ，また親や兄弟などの家族，地域の人たちがどのように関わっているかが産業カウンセリングを行ううえでの大きな資源になっていることがわかる。連携を図るには，関係者をどう組み入れるかが最大の課題である。産業領域で危機的状況にある来談者を実際に迎えることがあるが，産業場面のカウンセラーが出会う危機的状態は，予期しないなかで，電話での相談の折にあるいは面接過程で起こることが考えられる。危機的状況ではない場合でも円滑な来談者の適応を促進するために連携が重要となる。ケースによっては，病院や個人クリニックの精神科医との連携，またカウンセラーと来談者のおかれている立場によって異なるが，産業医を中心とする産業保健スタッフ，職場のすぐ上の上司，さらにその上の管理職，人事担当者，これ以外に来談者を取り巻く家族，組合関係者に対しても，時としてカウンセリングとしてではなく，来談者とどう接するかをも含めたことに対するコンサルテーション（指導）が必要となり，リエゾン（連携）の問題はいつも起こり得ることである。

　以上から，産業領域のカウンセラーは中立性と独立性，独自性をしっかり受け止めること，また関係者づくりや連携の問題が心理臨床活動を展開するにあたり大切な問題であることを理解のうえで事例検討会などを通じて研鑽と経験を積むことが要請される。

　ここで繰り返し再度強調したい点は，産業領域のカウンセラーは，中立性と独立性，独自性をもつことが必要であるということである。すなわち，心理的距離を保つことによって独自性は維持できる。

　産業心理臨床では，職場不適応のケースに実際多く接する。それに加えて，来談者のキャリアに直接関わるケースが多々ある。それは今日の企業環境，社会・経済的環境を反映しているのだろうが，そこでどう来談者が生きていくかという問題意識の表れでもある。ハンセン（Hansen, 1997）は，統合的生涯設計（integrative life planning）という概念を提案し，人生やキャリア設計への包括的なアプローチが重要であると言う。それは，仕事を他の生活上の役割との関係の中で，または人生の中で捉えるという考え方である。

第 5 章

さまざまなストレス理論

　本書冒頭で 70 年前の社会学者のミルズの言葉を取り上げたが，情報化社会と言われている今日，不明確でかつ不透明な労働により多くの人たちは，ストレスを抱えていることは論を待たない。

　労働安全衛生調査（厚労省，2019 年）によると，強いストレスを感じる労働者の推移は，2013 年の結果では 52%，2014 年は調査がなく，2015 年 56%，2016 年と 2017 年は 60% と 58%，2018 年は 58% で，ここ 3 ヵ年ほとんど変わらない高い水準にある。

　内容別では，2018 年が仕事の質と量が 59.4%，対人関係（ハラスメントも含む）が 31.3%，仕事の失敗や責任の発生などが 34.0% であった。また，これまで 5 年に一度実施の厚生労働省の労働者健康状況調査（2012 年を最後に，代わって労働安全衛生調査を実施）でもストレスとなっていると感じる労働者の割合は，2012 年は 52.3%，強い不安，悩み，ストレスを感じる内容（3 つ以内の複数回答）は，上位に「仕事」と「対人関係」が入っている。

ストレスとは

　人は，社会生活の中の職場や学校，それに家庭などさまざまな場面・事態でストレスを感じることがよくあるが，ここではストレスの基本的知識と，職場のストレス理論を取り上げる。

1．セリエのストレス学説

　ストレスは，本来物理学で言う物体に力を加えることで生じる歪みの変化を指すが，この用語を身体医学的な意味で使ったのは生理学者のセリエ（Selye, 1956）である。1936 年に Nature 誌で「種々の有害物質で生じる症候」と題し，

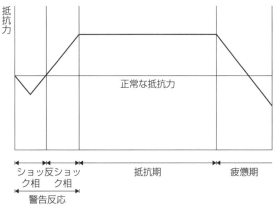

図 1-5-14　セリエの全身適応症候群（田中，1987）

ストレスの概念を示した。セリエは，内分泌系に関する動物実験を通してヒトや動物などの生体も同様に，「外部環境からの刺激によって起こる歪みに対する非特異的反応」が生じると考え，この考えから生体のストレスを説明した。

　生体の適応能力を消耗させる環境からの圧力はストレッサー（stressor）と呼ばれ，4つに分類される。それらは，①物理化学的ストレッサー（気温，湿度，騒音，大気汚染など），②生物学的ストレッサー（細菌，ウイルスなど），③生理学的ストレッサー（不眠，酸素不足，空腹など），④心理・社会的ストレッサー（人間関係，仕事の量など）である。ストレスを受けている状態で，生理的・心理的変化が生じることをストレス反応，あるいはストレイン（strain）とも呼ぶ。

　セリエは実験を通して，有機体がストレッサーを受けると，ストレッサーの内容が異なっても一定の防御的な反応を起こすことを見出した。これを全身適応症候群（general adaptation syndrome），または汎適応症候群と名づけ，ストレスという緊急事態から適応までの一連の生体メカニズムを，①警告期，②抵抗期，③疲憊期の3つの段階を設けた（図 1-5-14）。

　①警告期は，ストレスに耐えるための緊急反応の時期であり，ショック相と反ショック相に分かれる。ストレッサーからショックを受けるとショック相となり，体温や血圧の低下，血糖値の低下，胃腸のただれなどを見る。また，副腎皮質の肥大によって，一時的に抵抗力が低下する。その後，ストレッサーに

対して抵抗を示す反ショック相となるが，今度は逆に体温や血圧の上昇，血糖値の上昇など身体的変化によりストレスに対抗する。さらにストレッサーが持続すると，身体がストレッサーに対して抵抗する抵抗期に入る。

　②抵抗期は生理的機能が亢進するため，一応安定した抵抗力をもつ時期である。通常は抵抗期にストレッサーが消失するが，ストレス事態が過度に継続すると，生理的反応が限界に達し，破綻をきたす疲憊期の段階となる。

　③疲憊期はショック相と同じ反応が生じ，自律神経系や免疫系の変動から血圧の上昇，胃酸分泌の増加，血糖値の上昇，胃粘膜の減少などから疾病リスクが増大し，最悪の場合は死に至ることもある。例えば，長時間労働や長期間にわたる悩みや過労，持病など長期的に過度なストレス事態が続く場合，慢性疲労症候群や過労死を招く恐れがある。

２．さまざまな職業性ストレスの理論

　ストレス理論には大きく，相互作用のアプローチと相互交流のアプローチに分類できる２つの流れがある。

（１）　相互作用のアプローチ

　①クーパーらの因果関係モデル　　クーパーら（Cooper & Marshall, 1976）は，ストレスの原因がストレッサーで，それが結果のストレインに及ぶとする因果関係モデルを提案した。そして，クーパーら（Cooper & Dewe, 2004）は，因果の解明は，(1)さまざまな仕事ストレッサーを明らかにし，(2)さまざまなストレッサーとストレインの関連性を問題にしたうえで，(3)さらに，さまざまなストレッサーとストレインの関係を調整する組織的，状況的，個人的要因を明らかにすることの３点を挙げている。なお，(1)のストレッサーについて特筆すべきは，ミシガン大学のカーン（Kahn et al., 1964）の言う役割葛藤（role stress）がストレスの原因の１つであることである。

　ここでクーパーらのモデルを図1-5-15に示そう。仕事負荷が直接出口としての心身状態や症状，精神的不健康であるストレインに結びつき，個人のパーソナリテイ要因（内向性やタイプA行動）がストレインに直結することがわかる。理解しやすいモデルとして取り上げられている。

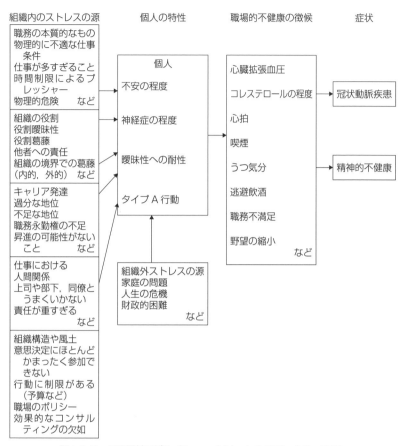

図1-5-15　因果関係モデル（Cooper & Marshall, 1976；金井，2004）

②ISRモデル（**個人‒環境適合モデル**）　次に，ストレッサーとストレインの関連性を問題にしたモデルにミシガン大学社会調査研究所（ISR）が提案した個人‒環境適合モデル（Kahn, 1970）がある。それを図1-5-16に示す。

　産業心理臨床場面でよく来談者が自身の能力と仕事が求める所要能力との間でズレが生じ，その結果ストレスを抱え込んでいる状況がよくある。

　P‒Eフィットモデル，すなわち，個人と環境適合の問題では客観的仕事環境条件のうち仕事から求められる所要能力と個人の客観的な能力との間で対処行動が生じる。個人の客観的な所要能力は，自己評価の正確さをもとに主観的

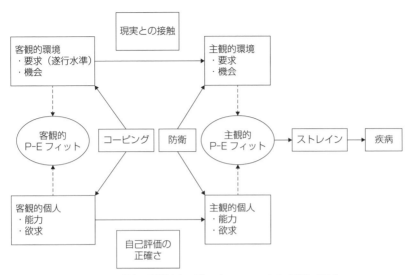

図 1-5-16　個人 – 環境適合モデル（Harrison, 1978；渡辺，2002）

な個人の能力と評価される。例えば，自身の能力が不足している場合は能力を
高めたり，今は慣れないがいずれ慣れれば求められる能力と自らの能力との乖
離は埋まると考えたり，逆に仕事が要求する環境条件が，例えば 1 人の作業に
は向かず，むしろチーム作業に適しているというように条件変更を求めたりと
いうように防衛が働く。

　ただ，客観的仕事環境条件の仕事から求められる所要能力は，現実場面の中
での主観的能力に作用をする。上で見た防衛がこれら 2 つの要因に働いても，
主観的 P – E フィットが不十分であれば，すなわち，適合しない場合はストレ
インが高まる。

　実際，ストレッサーとストレインの単純な因果関係モデルではなかなか説明
できないために，独立変数であるストレッサーと従属変数のストレインを結び
つけるためにさまざまな媒介変数（仲介要因，またはストレス評価）を多くの
ストレス研究者がこれまで取り上げてきた。コーピング行動，ソーシャル・サ
ポート，タイプA行動，ライフ・スタイル（森下らの NIP 研究会）などがそ
れら媒介変数として挙げられている。

③オシポーらの職業ストレス，コーピングとストレス反応モデル　　オシポ

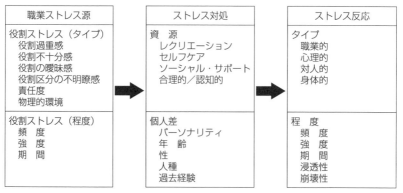

図 1-5-17　職業ストレス，コーピングとストレス反応のモデル（Osipow & Spokane, 1983）

ーら（Osipow & Spokane, 1983）のモデルを図 1-5-17 に示す。図からすぐに
わかるように，このモデルは刺激 - 生活体 - 反応の SOR モデルを提唱してい
る。職業ストレス源があって，ストレス対処が間に入り，結果としてストレス
反応が生ずるという考え方で，ストレス反応は，ストレスの対処によって緩和
されて，生活体のホメオスタシス（恒常性の維持）が安定化すると考えられる。
このモデルにもとづくインベントリーは，わが国では Occupational Stress
Inventory として，田中・渡辺によって標準化されている。

　④カラセックの仕事の要求度とコントロールモデル　　カラセック
（Karasek, 1979）は，JCQ（Job Content Questionnaire, 1985）を開発した。
1979 年にこれまでの職業性ストレス研究で用いられてきた「仕事の要求度
（job demand）」の要因からの探索では，確かに一般従業員の心理的緊張を見
出すには有効であった。他方，管理職にとっては不十分との考えから，彼らは
「仕事のコントロール度（job control）」要因に注目する。カラセックはこの 2
つの要因の組み合わせから「仕事の要求度 - コントロール」モデル，いわゆる
カラセックモデルを提案した。

　図 1-5-18 から，仕事の要求度の高低と仕事のコントロールの高低によって
4 つの群を設定した。

　要求度が高く，コントロールが低い群は「高ストレイン群；high strain
group」とし，要求度が低く，コントロールが高い群は「低ストレイン群；
low strain group」とした。次に，要求度が高く，コントロールも高い群は

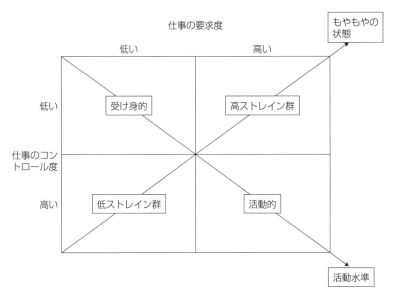

図1-5-18　仕事の要求度 - コントロールモデル（Karasek, 1979）

「アクテイブ群；active group」，逆に要求度が低く，コントロールも低い群は「パッシブ群；passive group」とした。そして，カラセックら（1990）は，4群のうちストレス反応が最も高い群は高ストレイン群であることを明らかにした。

　また，今日までこれら2要因にソーシャル・サポートを加えた3要因でストレス反応の生起を評価することができるとの意味からカラセックモデルは，相互作用のなかに含めることができると考えられる。

　⑤ハレルらのNIOSH職業性ストレスモデル　　最後に，このハレルらのモデル（Hurrell & McLaney, 1988）は，前述のクーパーらのモデルと同様わかりやすい。わが国では，2015年12月に施行開始された厚労省のストレスチェック義務化を受けて公表された調査票は，米国の国立職業安全保健研究所（National Institute for Occupational Safety and Health; NIOSH）のモデルが参考とされた。

　図1-5-19のとおり，職場で生じるさまざまなストレッサーとストレス反応を取り上げ，それらに関わる仕事外の要因，個人的要因，社会的支援などを含

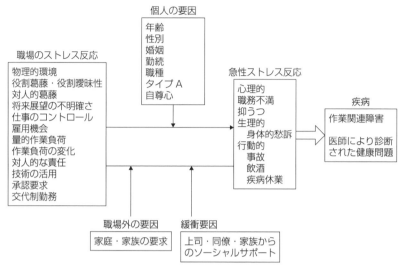

図1-5-19　NIOSH職業性ストレスモデル（Hurrell & McLaney, 1988；渡辺，2002）

めた包括的なモデルと言える。

　ハレルらは，job stressors が個人的要因（individual factors），職場外要因（nonwork factors），緩衝要因（buffer factors）の影響を受け，心理的・生理的・行動的な急性ストレス反応（Acute Reactions）を生起させ，最終的には疾病に至るという図式が提示された。

（2）　相互交流のアプローチ

　①ラザルスの認知評価モデル　　ラザルスら（Lazarus & Folkman, 1984）は，心理学的ストレスモデルを提唱した。特にわれわれにとって健康を考えるうえで個人が環境に働きかけたり，環境が個人に影響を与えたりするのはいつでもよく生じていることであり，これは心理学が成立する基本である。個人と環境との相互作用で人間の行動が定まるのが理論の起点にある。

　そこで，ストレスはわれわれにとって悪いものであるとの考え方をもつが，実は必ずしもそうではない。適度なストレスは快のストレスとなって，結局よい結果を生むことがある。例えば，当初できないと思っていたことができると，自分自身も喜ぶが，また直属の上司も褒めてくれるとなると，それは快のスト

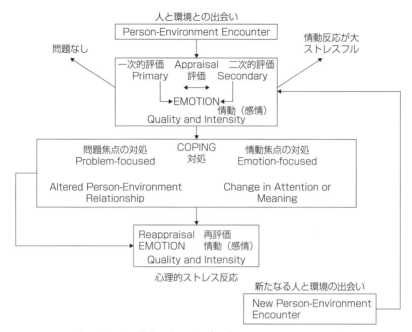

図 1-5-20　心理学的ストレスモデル（Folkman & Lazarus, 1988）

レスになる。一方，何度も繰り返し強圧的に部下を叱咤激励すると，部下は
「もうあの上司のもとでは頑張るのはイヤだ」と負担に感じてしまうならば，
それは不快のストレスとなる。それでは，快と不快のストレスを分けるものは
何か。それは，個人のストレッサーに対する受け止め方，すなわちそこに認知
の問題が存在する。

　人間と環境は「ダイナミックな互いに相補う関係，すなわち，双方から作用
し主体的に能動的に関わり合う関係の中で捉えられる」としている。そのため
にこのモデルを相互交流モデル（transactional model）と称する。

　図 1-5-20 から説明を加える。人はある環境と出会うのがまず出発点である
（① person-environment）。次に，その環境がストレスフルかどうかを主観的
に評価（② appraisal）する。そして，コーピング方略（③ coping strategy；
対処戦略とも言う）を発動させた結果，心理的ストレス反応（④ emotion）が
生起するという一連の流れを示したものである。

　出来事やある場面に遭遇した時に，好ましいとか好ましくないといった自分とは無関係な評価（一次的評価）がまずある。無関係であればストレスは関係なしである。関係がもしあるとするならば，次にその事態・場面が好ましいもの，逆にそれをすることによってかえって厄介なことになるとの評価（二次的評価）がなされる。大したことはなし，何とかなるさの受け止め方，逆に大変だ，大変だと捉える，これらプラスの面とマイナスの面がある。

　ここでこの認知的評価の問題をより詳しく説明する。ラザルスは，すべてのストレッサーがその人に影響を与えるわけではなく，そこには心理的ストレス要因や認知的メカニズムが介在していると考えた。同じストレッサーがかかっても，ストレスの有無や，個人によって受け方や程度が異なることを問題にした。

　ラザルスらは，ストレッサーとは「ある個人の資源に重荷を負わせる，ないし，資源を超えると評価された要求である」としている。そのために，個人が出会う環境からの要求のうち認知的評価によってストレスフルと評価されたものがストレッサーとなると言うのである。

　要は，ラザルスらは，人間と環境との間の特定の相互作用が，なぜストレスフルなのか，どの程度ストレスフルであるのかを決定する評価的プロセスとして認知の問題を全面的に扱った。そのために認知的評価モデルと言われる。

　このモデルのプロセスでは，まず，何らかのストレッサーを感じると，その人は認知的評価を行う。認知的評価は一次的評価と二次的評価がある。一次的評価では自分の環境で起こった出来事が，自分と関係あるか／無関係かを評価する。それと平行して，自分はその問題に対処可能か／どうかという二次的評価を行う。

　この2つの評価は並行して交互になされ，影響し合う。一次的評価と二次的評価を繰り返した結果，自分にとって脅威で，対処できないと判断した場合，身体的・心理的なストレス反応が生じる。ストレス反応は，不眠，胃のただれ，高血圧など身体的な反応や，怒り，不安，抑うつ，意欲低下，無気力など心理的反応があり，その後ストレスへの対処（コーピング）行動がなされる。ストレスの対処は，情動中心の対処か，問題中心の対処かに分かれる。

　対処は2通りある。1つは，脅威に満ちた挑戦的な状況を自分では変化でき

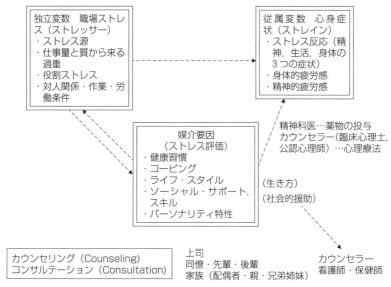

図1-5-21　職場ストレスのモデル図（森下，1999，2016，2019一部修正）

ないと評価した場合，情動的苦痛を軽減するために怒る，泣く，イライラする
など情動中心の対処が行われる。もう1つは，状況を自分の力で変えることが
できると評価した場合，問題自体を巧みに処理し，解決させるための問題中心
の対処を行う。このように当該者である本人は，さまざまなストレッサーに対
応するためにさまざまな対処行動をとるが，実行した戦略が問題解決や情動の
低減に有効に働かない場合は，心理的ストレス反応を抱え込み不健康な状態に
陥る。

　実際，産業心理臨床場面では，最も介入しやすいのはコーピング方略である。
そのためにストレスマネジメントとしてはこの面の学習に重きを置いた研修が
成り立つ。

　この認知的評価は，コミットメント，信念，価値，思考パターンなどの個人
的な要因や，その人がもつ環境への予測や解釈が影響し，時間とともに評価自
体も変わることもある。このように，ストレッサーがかかっても，個人のスト
レスの受け止め方や心理的状態などの認知的評価によって，ストレスを感じる
か否かに差が生ずるのである。

②**森下の職場ストレスモデル**　　クーパーらの因果関係モデル，オシポーらの職業ストレス，コーピングとストレス反応モデル，NIOSH の包括的な職業性ストレスモデル，ラザルスらの認知的評価モデルをもとにシンプルな職場ストレスモデルを作成した。

　図 1-5-21 からストレッサーは外的刺激として，原因となって個人に直接関わるが，一方では，この外的刺激を個人がどう見るか，どう捉えるかの相互交流が働く。そのために，一方的な影響ではなく，相互に影響し合うとの考え方で相互交流のアプローチに含めることができる。

第Ⅱ部

産業心理臨床の実際

　ここでは，2つの事例を取り上げる。第Ⅰ部で取り上げたように
電通の過労死事件を契機に旧労働省から2000年8月に「事業場に
おける労働者の心の健康づくりのための指針」いわゆるメンタルヘ
ルス指針が出された。その後2006年4月から労働安全衛生法が改
正，施行され，過重労働の具体的処置として，月100時間超の時間
外労働者で申し出た者に医師による面接指導が事業者に義務づけら
れた。これにより一層の安全配慮義務が企業に求められた。さらに，
過重労働による過労死問題が一向に改善されないために，2015年
12月にはストレスチェックの義務化が国の施策として取り組まれ
てきた。改善の取り組みは今日いまだに不十分で，メンタルヘルス
に関わる問題は依然として深刻である。

　産業領域の心理臨床は，①精神障害，疾患（mental disorder）
を対象とする個人療法のカウンセリング，②メンタルヘルス不調
（mental unhealthy state）を主とする個別心理相談のカウンセリン
グ，③最近，目立っているキャリアの問題に関わる個別心理相談，
④問題をかかえたクライアント（以下 Cl と略す）が所属する職場
関係者を対象とするコンサルテーション，⑤それに予防管理を主と
する従業員や職員，管理・監督者を対象とするメンタルヘルス教育
などがある。

　前半の事例は，事業所内にカウンセリング機関が設けられ専門の
臨床心理士であるカウンセラーがいて，また職場復帰支援サポート
チームの制度も確立している状況における事例である。

　産業現場での来談者の仕事の在り方に関わる事例で，その Cl が
組織の中の人間であるから，当該組織に直接関わりがある職制，当
人の所属の人事担当者，労働組合，また，職場を離れては健康管理
室の産業医を中心とする産業保健スタッフ，外部のクリニックの精
神科医との連携がカウンセリングのカギを握る。そのようななかで，
低空飛行を続けながらも不調から脱却した事例である。

　後半の事例は，休職をしている Cl に対して復職の準備に向け，

臨床心理士がサポートした事例である。

　前半の事例は，2005 年 5 月に開催された日本臨床心理士会第 1 回産業心理臨床メンタルヘルスケア研修会「事例に学ぶ産業心理臨床の実践」の分科会で既に発表したものを『産業心理臨床入門』（ナカニシヤ出版，2006）に加筆修正し掲載されたものを再掲する。後半の事例は，本稿が初めての公表で，来談者である Cl から掲載について許諾を得たものである。快諾に対してここに感謝申し上げる。

　なお，2 事例の掲載については，Cl の同意を得るとともにプライバシー保護の視点から内容については，できる限り特定できないように倫理的配慮をした。

事例1
うつ症状を克服したＯ課長の事例
—— コンサルテーションを併用して

1. 事例の概要

　Ｏさん　40歳代　既婚　Ａ社　商品開発担当技師　課長職。

　(1)**来談経路**　Ｃｌは，かねてより労働組合の方でカウンセリングルームが開設されていることは知っていたが，以前家族が入院していた自宅近くの総合病院に心療内科があったため，そちらを受診，投薬治療を受けながら休職をせず低空飛行で勤務していた。

　特に，当時上司であった次長との軋轢があり，会社の屋上にいた時に飛び降りようとの気持ちが走った。そのことが病院での受診につながったが，暮からの新しい商品企画に対して何としても成功させなければならず，より一層の仕事負荷がかかるとともに部下の指導も重なり，どうにもならなくなってＸ年暮にメールでカウンセリングを受けたいとの申し込みがあった。

　(2)**主訴**　来室の1年前の秋に次長が転勤した。その転勤を機に部下の面倒をＯさんがみることになった。毎日憂うつでたまらないとの訴えである。また，不安感があるとのことであった。薬を服用しているが，毎日眠っても夜中に目が覚める。新商品の開発が大変ではあるが，ただ救われることは，すぐ上の上司である新しい部長は理解をしてくれていることであった。

　(3)**家族**　来談者40歳（夫），妻，長男小学校低学年，長女保育所，それに母親。同居で5人家族である。通勤はＡ社まで1時間30分要している。

　(4)**Ｘ年暮のメール（予約専用Ｅメールからの受信）の内容について**　技術系開発の課長，約1年前に不眠，不安感，無気力，仕事に対する意欲の低下等の症状にみまわれ，当時自宅に近い病院で診察を受ける。

　かなり強い抑うつ症との診断，医師からは入院を勧められたが，非常に忙しく自分の代わりもいない状況であったので入院はせず通院治療を受けている。安定剤，抗うつ剤，睡眠剤を服用している。現在も薬は基本は変わっていないが，毎月1回の通院である。

　不眠症状は，服用しても改善には至らす，抗うつ剤の量が増えている。通院以降，上司の方からは仕事を軽減する処置を執ってもらっている。しかし，今月になってストレスを再び感じるようになったのは，部署全体が非常に忙しく，Cl以外の同僚や部下は毎日夜遅くまで残業をしているのに自分だけ軽い仕事で，今の部署にいたのでは，かえって皆に迷惑をかけているのではないかという強迫観念や同僚の目が恐く，目を合わすと強い動悸を感じることがある。

　12月から部署全体が，組織替えになり新しい上司（部長）のもとでの仕事をする。上司には現在置かれている自分の心身の状態（通院，加療中）を話した。上司は心配してくれているが，本人は身体のこと，仕事のこと，そして今の部署にいるべきかどうかも含めカウンセリングを希望したいとのことであった。

2．面接経過

（1）　インテーク面接：X＋1年1月初旬

　心身の健康状態と仕事を中心に事実確認も含め面接を行う。Clの仕事は，商品開発の仕事である。次長は怒りっぽい人で合わなかった。そのようななか，自分は部下との関係がうまくいかず，「ますますイライラが募るばかり」である。部下の面倒を見ることができなく「辛く，すごく憂うつである」と話す。

　〈辛いんですね〉とカウンセラー（Co）が言葉を挟むと，時々胸が重たく食道および胸の締めつけや動悸があると言う。

　メイラックス2錠服用，デパス，レンドルミン，デプロメールは1錠が投与される。200X年夏から抗うつ剤は減り，現在は朝夕食後1錠2回。

　暮に風邪をひいて丸1週間会社を休む。会社・仕事への不安がつのり，恐くなった。「真っ暗の状態に自分がいる」とも言う。会社へ提出の人事資料のシートに配置換えを希望しようと思う。

Cl が抱える問題について，これから 2 週間に 1 度のカウンセリングをもつことを Co が提案，Cl は了承する。

この 1 年の中で，仕事の軽減が図られているが，職場環境が Cl にとってはより一層厳しく見えていて，このままでは休職も視野に入れなければならないとの判断を Co はもつ。また，Co は現部署での仕事の継続はきわめて厳しいと見て，仕事の負荷を一層軽減し休養も含めて，うつ状態の回復を図る。Cl には定時退社を強く求める。

（2）　Ⅰ期　低空飛行を続けながらの苦悩の時期：X 年 12 月–X＋1 年 3 月

初回面接の後，Cl は所属の上司に報告，2 回目のカウンセリングの前に直属の上司と人事課長が来室。

(1)コンサルテーション①：X＋1 年 1 月中旬　　Cl の適応問題は，直属の上司によると 4 月納期はぜがひともやらないといけないが，開発を延ばしてよいものは後回しにして対処したいとの配慮のもと，Cl の当分の仕事は，後方に徹してもらうということになる。

Co の所見は，薬による出社継続のため，極力負荷を小さくすることが大事であるという点である。

毎日午前 3 時，4 時に目が覚めることは，自宅に戻ってもかなり緊張感があるということなので上のような処置は，本人にとって妥当な処置である。職場の方では，定時退社の徹底とより一層の負荷を下げるよう配慮を求める。

(2)Cl から Co へのメール受信：コンサルテーションの翌日の X＋1 年 1 月中旬　　Cl からのメールには「先日のカウンセリング結果を上司に説明をしました。上司は，すぐに人事課長と連絡を取り水曜日に 3 者で話し合いを持ちました。

病気になった経過と現在の治療内容，仕事の状況など，Co との間で現部署にとどまって回復するのは難しいかどうかのやりとりがあったことを伝えた結果，課長からは一度ルームに出向き Co に様子を聞いてみるとの話が出ました」とある。

Cl 自身，心理的に苦しい状況が続いていたが，人事課長からは「話をしていても，そのようには見えなかった。軽いんじゃないですか？」というような

発言もあった。自分の苦しみが正しく伝わらなかったのではと心配しているとのことである。

(3)Co から Cl へメール送信：X＋1 年 1 月下旬　　直属の上司と人事課長が来室されたことを報告。Cl が話した同じ内容を 2 人に伝え，理解を求めたと伝える。特に，少なくとも軽いのではと思っていないとのメッセージを伝えるため，Cl の苦しい様子（イライラしたり，部下の面倒を見ることがとてもできなく憂うつである。食道および胸の締めつけ，動悸がする）をきちんと話す。その結果，人事課長は Co の説明を重く受け止めた旨，伝える。

また，職場での一層の配慮が必要との認識で帰ったと伝える。Co は Cl に自分のペースを守りながら，努めてゆったりと過ごすよう求める。

(4)2 回目：X＋1 年 2 月初旬　　1 月第 4 週に風邪の症状で会社を休む。月末のカウンセリングは急遽取り止め，電話とファクシミリで連絡を受け取る。2 月初めに早退もあって，病院受診，医師の診断は，軽度のうつ状態。抑うつ状態に伴う睡眠導入剤，安定剤投与との処方であった。就寝前にレンドルミンとデパス服用。しかし，主治医が代わること（現在治療にあたっている医師は転勤で 3 月限り，4 月からは新しい医師となる予定である）の不安を CI は訴える。

仕事負荷の軽減処置は同僚課長にある部分は移す。逆に，Cl は同僚課長をサポートすることとなった。そして，Cl の部下は，同僚課長が見ることになった。同じ職場の同僚が，Cl の心身の状態を心配してくれていて，Cl が配転されると困ると言ってくれている。職場での Cl の存在感を訴える。1 月末に同僚課長と打ち合わせを行う。別の職場からの応援が検討されていることを聞く。

Co から〈職場では随分 Cl のことを思って動いてもらっているんですね〉と問いかけると，Cl は少し間があったが，静かにかみ締めるように 2 回首を縦に振りうなずいた。

3 回目のカウンセリングの前に直属の上司（途中退席）と人事課長が来室。

(5)コンサルテーション②：X＋1 年 2 月中旬　　上司と人事課長からは，現職場で仕事を遂行していくのはきわめて厳しいこと，また，評価は仕事ぶりから 1 ランクまたは 2 ランク下げざるをえないと人事課長が言う。そのため，最

終的には配転を考えていると Co に表明。

　Co の所見は，現職場に残ってもらうのは，難しいことはよくわかるが，本人が次の配転先の職場を受け入れるには少し準備期間が必要だということである。

　カウンセリングでもこの点を考慮に入れてこれからやっていきたいが，本人の仕事に対する考課について，かなり悪い考課であることがはっきりしていると聞いたので，Co からはできる限りあからさまになりすぎることは控えてほしいと要請，Co の考え方を受け人事課長が Cl の上司の部長とこの点はよく話しておきたいと言う。

　⑹3回目，4回目：X＋1年2月中旬，X＋1年3月初句　　Cl は，職場の同僚からの援助，他部署からも応援を受けて職務負荷を一層軽減。

　今の仕事を手伝ってくれる他部署の課長と先週打ち合わせをする。その課長とは捉え方・考え方にズレがあった。Cl はかなり相手に期待したが，完全にすべてを任せるということではなかった。Co に不満をぶつけるようにこちらに判断を求めてくると言う。

　10時に寝て4時に目覚める。憂うつな感じは続いていると言う。医師から抗うつ剤でいずれ調整を図っていくと Cl に伝えられる。仕事のこと，家庭のこと，現在の取り組みと希望を見るライフ・スタイル診断票（NIP 研究会，1998[1]）の記入を求める。次回，カウンセリングは3月中旬。

　Co は，職務負荷の軽減で，他部署の課長へ渡した仕事がすべて先方でやっ

1）　ライフ・スタイル診断票（NIP 研究会，1998）　　仕事意識，生活意識，社会意識からなる質問を24項目設け，5件法で現状認知（取り組み）と希望（志向）の2つの面から個人のライフ・スタイルを測定している。

　　プロフィールでは，1項目につき0から4の範囲で得点に換算し，現状認知の程度と希望（志向）の程度がわかる。以下，例を挙げる。

　　〈現状認知の項目〉

　　2．定められた勤務時間の後でも，残業など仕事をすることが多いですか？

　　7．給料やポケットマネーを趣味・スポーツや余暇活動に使うことが多いですか？

　　10．日曜・休日は，社会活動に使うことが多いですか？

　　〈希望の項目〉

　　14．給料が増えたら仕事関連にまわしたいと強く思いますか？

　　21．勤務時間外や休日には，仕事を離れて趣味や遊びあるいはスポーツを通じて得た友人とつきあいたいと強く思いますか？

てもらうのではなく，少し Cl も関わっていく必要があるのはやむを得ないのでは？と問いかけ，さらに O の仕事への取り組みが 70，80％なら上出来であると伝える。Cl の表情に笑みが浮かんだことから，Co から，ただ 4 月中旬を目処に商品開発の一定の結果が出てくるのを受け，新しい仕事，配置換えがもし仮に起こってきてもそれは，Cl にとって大事なことですべてを受け入れる心づもりをしておく必要があるのではと話す。心身の健康があって，Cl があること，ご家族がいらっしゃることについて，どう思うかと投げかける。Cl からは，「がむしゃらに働いてきた自分」「必要以上に力を注ぐ自分がこれまでの自分である」と言う。

　(7) 5 回目：X＋1 年 3 月中旬　　5 回目では，仕事と健康状態に関して，説明書作りをしているが，眠りは改善されないと訴える。Cl 自身，「こんなはずではない」と言う。自分に対して今の状態を何とかしよう，何とかしようと思い続けるほどしんどいので，Co からはただただ〈ありのままの自分でよいのでは〉と話し，極力体力の維持を図るよう伝える。また，楽しいこと，良いことを少しでも積み重ねるよう話す。前回預けたライフ・スタイル調査の回収，診断を行う。

　仕事に対する取り組みは，男性平均に比べると低い。一方，家庭，家族，余暇の生活の現状は，男性平均とあまり変わらないが，「もっとやりたい」は低くて弱い。また，社会活動の取り組みは，長男が校区内でのスポーツ活動をしていることから世話役として親の参加が求められるため結構高い。逆に，「もっとやりたい」は低い。これから，3 領域の取り組みは，仕事の現状が低く，「もっとやりたい」はすべての領域で低いことから，エネルギーがいまだ不十分で意欲が足りないのが結果として示された（図 2-1-1）。

（3）　Ⅱ期　洞察を通して自己受容，自己理解へ：X＋1 年 4 月–X＋1 年 5 月上旬

　(1) 6 回目：X＋1 年 4 月初旬　　前回と違って職場の人の様子が Cl から出てくる。他部署の課長と同じところに責任者Y氏がいる。Y氏についてはよく知っている方ですねと Co が触れると，Cl は「自分と違ってきっちりと仕事をする人で，エネルギッシュな人」との答えが返ってきた。そして，自分のこと

Oさんライフ・スタイル結果

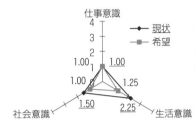

O課長	仕事意識	生活意識	社会意識
現状	1.00	2.25	1.50
希望	1.00	1.25	1.00

男性ライフ・スタイル結果（2206名）

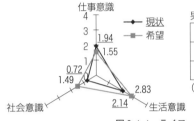

男性結果	仕事意識	生活意識	社会意識
現状	1.94	2.14	0.72
希望	1.55	2.83	1.49

（2206名　平均年齢　42.6歳（2001年））

図2-1-1　ライフ・スタイル診断票の結果

を「大変心配（うつで投薬治療をしており，現在カウンセリングを受けていることも知ってくれている）してくれている」と言う。そのY氏とは先月の月末に話をする機会があった。また，他部署の課長からある人（X氏）の職場異動の話を聞いた。大卒でClより年下。正式決定は所長を通して，人事課長へということらしい。

　この前，上司とX氏が面談，Clによると転属の詰めをされ，恐らく決まりであるとの推測である（周りの動きに極度に敏感）。

　また，責任者であるY氏はもしClが来るならば，「身体第一なので少しゆっくりしてもらう」と言ってくれている。Cl自身は，「そうは言っても結構大変であるとつぶやく。いずれにしても何らかの動きが出てきそう」と言う。不安と期待の気持ちが入り混じる。

　今回，初めて家庭の様子が少し出てくる。小学校の長男とClが共に就寝，週末は子どもの剣道の世話で結構忙しいが，寝つきが悪い状態が続いていると言う。次回，カウンセリングは4月中旬の予定。

　Co の所見は，今の部署での仕事については，遅かれ早かれ何らかの変化が訪れるかと思う点である。前に Cl 自身が言っていたようにまったく新しい職場，部署であると，上司も Cl がどんな人かわからず，Cl 自身も相当な緊張感で仕事に当たるのでは？

　今，仮の話として責任者の方で新しい職場との話であればその職場をどのような感じで受け止めるか。「うーん……」と沈黙，「よく知っている人……」とぽつりと言う。

　Co から悪い話と考えるより良い話と捉える，その時気持ちはどんなものか？と聞いかける。「前向きに捉えることができそうである」が，Cl 自身よく知っている他部署の責任者 Y 氏のもとでの異動は内心，そう言っても「結構大変かな」と Cl 自身自分に問いかけをするように Co に気持ちを伝える。Cl 自身の新しい部署での期待と反面，不安が交錯している。

　また，Cl の方で X 氏に新しい職場の話を聞かれなくてもそのようなことが展開すればそのまま受け入れ，仮の話として Cl の配転の話も起こってくると先ほど Cl が言っているように前向きに捉えることも大事である。前にも私の方から話しているが，Cl にとって大事なことはすべてを受け入れる心づもりをしておく必要がある。

　(2) Co から上司，人事課長へのメールによる送信：X + 1 年 4 月中旬　　Cl についてのカウンセリングの状況を知らせることに狙いがあって，送信。

　7 回目のカウンセリングを控え人事課長を呼ぶ。

　(3) コンサルテーション③：X + 1 年 4 月中旬　　　上司，人事課長からは，Cl の異動に対する気持ちの問題と，もしする場合は配転期日はいつがよいかと聞かれる。Cl の異動問題については，本人には，新しい部署への異動があるかもしれないと前回のカウンセリングで話を出している旨，伝える。他部署から Cl の現ポストに異動される X 氏と同時に入れ替えをするように要請。

　(4) 7 回目：X + 1 年 4 月下旬　　　これまでやってきた仕事は，同僚課長を中心に終盤の追い込みの時期に入っている。

　Cl は，仕事では後方支援にまわっている。定時後 2 - 3 時間の後に会社を出ることもあった。月末には，現場出張に同僚課長と一緒に行く予定であると話す。Co からは Cl に出張はどんな感じで捉えているかと尋ねる。今回は，同僚

課長と一緒なのですべて取り仕切ってもらえるのでそんなに負担はないとの答えが返ってきた。しかし，Coから今後の出張は極力控える必要があるが連休前後であっても気をつけて行ってほしいと伝える。次回のカウンセリングは，5月中旬の予定。

　⑸Clからのメールによる受信：X＋1年5月上旬①，5月上旬②　　　Clからのメールには，

　①出張にブレーキをかけていたことに対して，「17日は，○○に出張致します。この出張は設備の打ち合わせによるもので，特に気を使うものではありません。なお，今日は風邪を引きそれだけの理由で会社を休んでいます。ご心配のないようお願い致します」。

　②「21日で問題ありません。なお，ご迷惑とは思いましたが，あえてメールをさせて戴きますと，先月27日に出張先で上司より，今回の新しい部署への配転の内示を戴きました」と綴ってあった。

（4）　Ⅲ期　新たな動き（トンネルの中から出口に）：X＋1年5月中旬–X＋1年7月

　⑴8回目：X＋1年5月中旬　　　新しい部署のY氏から配転先の仕事の概要について先日説明を受けた。それに先立ち，現部署のO担当の商品開発の第1回目打ち合わせの会議があった。Clは間接に関与しながらバックアップしていくことが決まり，「少しはほっとした」と言う。4月末に出張先に電話で新しい部署への異動の内示があったと言う。

　翌日には，夜中に目が覚める。病院での処方の薬2種，うち1種は新しい薬を服用。2週間後には，ようやく目が覚めず熟睡できるようになる。

　Y氏（1日付で昇格とClがわざわざ言う）からは，ゆっくり仕事をするように言われている。9回目のカウンセリングに先立ち，異動を直前に控えて新しい部署の上司であるY氏を呼ぶ。

　⑵コンサルテーション④：X＋1年5月下旬　　　Clの適応問題については，仕事の負荷の軽減を新しい部署の上司に要請，当分の間は50％を維持するよう求める。期限を限らない形で新しい仕事に取り組んでもらうつもりとの説明を受ける。職場としては，決して歓迎ムードではないとの職場の様子が伝えら

れる。Y氏から将来的には，これまでと違う仕事をしてもらうためマイペース
は維持できるであろうと聞く。

(3) **9回目：X＋1年6月初旬**　　前月中に前部署の引継ぎの資料を作成でき
なかった。そのために新しい部署で今やっているところである。来談者の家庭
の様子が話として出る。

Clが言うには，妻は自分がうつの状態にあるときの理解が大変薄い。早く
Clが帰宅すると子どもが幼いこともあり，イライラし嫌な顔をする。Clは妻
の理解のなさが自身の気持ちにも影響があると言う。

Coは，Clが見る妻に対する捉え方，気持ちをありのまま受け止め理解を示
す。次回のカウンセリングは，6月下旬の予定。

(4) **10回目：X＋1年6月下旬**　　新しい部署の仕事は，設計開発の仕事で
ある。家庭では，「妻はClがしんどい様子を見せるとそんな態度をみせないで
と言い，あっちへ行ってと言う」。

X−1年の秋には上司の無理解で相当苦しんだが，「今は家庭の方がもう少
し何とかなれば」とつけ加える。Coは〈妻は，子育てが大変であるため，Cl
まで気持ちを傾けることができないのでは？Clが求めるほど妻との隔たりを
感じるので，そっとしておかれたらどうか。場合によって医師の方かCoのと
ころに奥様が来られたら……〉と誘う。次回のカウンセリングは，7月初旬の
予定。

(5) **11回目：X＋1年7月初旬**　　新しい部署での仕事は，本格的にはまだ
していない。前の部署でのフォローの仕事もなくなり，今はぼちぼちとやって
いるところである。

Coから自然の流れに逆らわず，そっと自らの身体を流れに乗っけているだ
けでよいと伝える。次回のカウンセリングは，7月末の来室予定。

(6) **12回目：X＋1年7月下旬**　　新しい部署に移って2ヵ月弱，旧部署か
ら「やいやい言われ急き立てられることはない」と言う。続けて「重しが取れ
たみたい」と言う。

責任者Y氏から無理をしないでと言われている。「もし自分でそろそろ仕事
に取り組むことができそうとのことであればOKを出すようにとのこと」で
ある。

焦ってもしょうがないと責任者から言われている。CI からは「何とかなる」との言葉も出てきた。新しい配転先での仕事は，本格的にはまだしていない。そのような中，最近の他社のリストラの動きが気がかりである。会社員は大変と自分に言い聞かせるように話す。また，この前の考課では，当然評価が下がったが，自己採点で仕事の難しさと達成度から率直に受け入れることができたと言う。昇給と賞与にも跳ね返るがそのつもりでいる。Co からは，もし自分の中でそろそろとのことであれば9月に1つぐらいテーマをもらわれるとよいと伝える。

（5）　Ⅳ期　自分があって仕事があるごく普通の人間に：X＋1年8月中旬–X＋2年5月

　(1) 13 回目：X＋1年8月下旬　　夏休みもあり最近心身の状態は良い。毎朝，起きても嫌な感じはなく7時15分に自宅を出て8時45分頃に会社に到着。これまでの開発と違って，新しい設計開発の仕事が中心であるが，少しずつ始めている。

　Co からは順調に進んでいるので，次回は10月初旬から中旬頃にと言う。CIから日時の約束をしてくるように話す。Co から〈どうやら完全に苦しい時期は終わったのでは？〉と話を向けると，夜中に目覚めることもなく，熟睡しているようで朝は良い感じで起きることができると言う。ずーっと味わっていない「すっきりした気持ちを感じることができる」と言う。病院では睡眠剤のみをもらっていて2日おきに服用，医師からは精神安定剤と抗うつ剤の服用を止められている。

　(2) 14 回目，15 回目：X＋1年10月中旬，X＋1年12月下旬　　病院は，2ヵ月に1度の通院になる。また，薬は必要時に睡眠剤を服用するように話があった。これまでと違って，不安感がなく憂うつな気分もほとんどないと言う。

　(3) 16 回目：X＋2年3月中旬　　身体の状態，仕事のこと，家族のことについて話すが，家庭の方は子どもの世話が少しは要らなくなったせいか，妻とのコミュニケーションも回復し，CI の表情に随分明るさが感じられた。仕事の方も日によって残業を1時間半程度こなし，1年前と違って自宅へ戻っても疲れはあまり感じなくなった。責任者からは焦るなとことあるごとに言われて

いる。Cl は，「ありがたい気持ちとしょうがない気持ちが自分の中にある」と話す。

　Co からは，前向きに捉えるありがたい気持ちは大事にと返す。次回のカウンセリングは，5 月下旬の予定であるが，〈そろそろ卒業ができそうですね〉と伝える。

　(4) 17 回目：X ＋2 年 5 月下旬　　仕事は，このところ新規の仕事の準備に取りかかっている。Cl は，今まで以上に体調管理に気を使っていると話す。そして，日常の仕事が少しずつできていく感じがすると言う。自分ではコントロールしながらマイペースを崩さず，少しずつ仕事が進んでいる時間が持てる状態である。来期からは「この調子だとなんとかなるのでは」とも言う。

　週末も子どもの野外活動の世話や自治会の活動に出ても，会社のこと，仕事のことがまったく気にならず本来の自分に戻った感じであると言う。〈今日で終わるが，また何かがあれば来室されたら〉と伝え，終結へ。

3．まとめ

　本ケースは，コンサルテーション 4 回，カウンセリング 17 回で終結したケースである。ロジャーズ（C. R. Rogers）の PCA を中心にカウンセリングを展開，コンサルテーションを入れ Cl のより良い回復を図った。

　Cl は，前の所属長である次長の転勤の後，職場が新体制に移行するなか部下指導と仕事の達成（商品開発）が強く求められたが，このままでは 1 年前の状態に戻るという危機感から現在の身体の状態と仕事の取り組みを新しい所属長に話した。インテーク面接の後に，コンサルティである職場の上司と人事担当責任者が安全配慮義務が求められるなか直ちに動いた。Co は，Cl との面接を進めながらコンサルテーションを有効に取り入れた。

　面接の初期で人事担当者が最初に捉えていた Cl の訴え（Cl の様子から「軽いんじゃないですか？」）が，カウンセリングの理解に加えて，コンサルテーションを通して人事課長が Cl が辛く，苦しんでいると理解を示したことで，その後の面接がうまく運んだものと思われる。

　すなわち，Cl が体験している感情や個人的な意味づけをカウンセリングを

通じて人事課長が正確に感じ，受容的な理解を Cl に伝えたことで Cl は，随分気持ちを軽くさせた。

ロジャーズ理論については，大須賀（2003）は，村山（2003）所収によると仏教から「能所一体」の概念を用い，うまく説明を加えている。仏教でいう能所とは，主なるものと客なるもの，すなわち，働きかける立場と働きを受ける立場ということである。ここでいう「能所一体」は，主客の関係が本来平等であって，どちらかが欠けても場は成立しない。

Co と Cl は，カウンセリング関係では，「能としての自分がどれだけ深く所としての相手の存在を尊重できるか」にかかっているとしている。特に，真実な心での関わり，無条件の肯定的な配慮，共感的理解が Cl の心の成長を促進する基本的条件である。

第1回目のコンサルテーションでは，理解のある上司に残業の禁止も含む一層の職務負荷の軽減を求めた。この考えは，所属長が代わっても貫かれ，Cl の心身の安定，不安を取り除くことにつながった。

また，コンサルテーションでは上司や人事担当者から現実の仕事の状況，また，新しい部署の責任者からは受け入れ先の様子と将来の仕事について話が出たが，それを踏まえてのカウンセリングができたことは，現実との乖離がある Cl を現実場面に引き寄せる（現実吟味）効果はあったと考えられる。

初期のカウンセリングで不眠，不安感，無気力，仕事に対する意欲の低下を訴えた Cl であるが，自身「すごく憂うつである」と同時に不安の気持ちを「真っ暗の状態に自分がいる」ことが続くなか，〈ありのままの自分でよいのでは〉との働きかけで洞察を通し，自己受容に進んだ。

6回目の面接で職場の人の様子が Cl から出てくるが，他部署の課長と同じところに責任者Y氏がいた。Y氏は，設計開発にあたっていて大学の先輩である。Y氏については，〈よく知っている方ですね〉と Co が触れると，Cl は「自分と違ってきっちりと仕事をする人で，エネルギッシュな人」との答えが返ってきた。

Y氏は，Cl を受け入れてくれる人で，Cl はY氏の前では自分自身の非力さ，自信のなさが許されて，安心していられる場の中で周囲からの守りによって得られる基本的安定感を感じ，味わうことができたのである。

本事例は，日本臨床心理士会 第1回産業心理臨床メンタルヘルスケア研修会 2005年5月28日野口英世記念会館で開催された「事例に学ぶ産業心理臨床の実践」の分科会で発表したものを加筆修正したものである。

文 献

岡堂哲雄（監修）（2002）．心理カウンセリング PCA ハンドブック　現代のエスプリ別冊　至文堂

Mearns, D., & Thorne, B. (1988). *Person-centered counseling in action*. Thousand Oaks, CA: Sage.（ミアーンズ，D.・ソーン，B. 伊藤義美（訳）（2000）．パーソンセンタード・カウンセリング　ナカニシヤ出版

村山正治（編）（2003）．ロジャース学派の現在　現代のエスプリ別冊　至文堂

西川一廉・森下高治他／NIP 研究会（編）（2001）．仕事とライフ・スタイルの心理学　福村出版

第 2 章

事例 2
研究職に見られる同僚との関係の
崩れによる不調とその回復支援

　職場集団への不適応や対人関係の困難さから休職に至るケースでは，復職に向けたカウンセリングや，医療機関や従業員支援プログラム（employee assistance program: EAP）などによるリワーク支援が行われる。

　本事例は事業所内で設けられている相談室（労働組合が運営する第三者機関）のカウンセリングによるリワークで用いられている課題を導入して無事復職に至った事例である。特に，臨床心理士（Cp）が所属の職制の上司や人事担当者，健康管理室の産業医とも連携をした事例である。

　精神疾患レベルで問題がなく，体調も含む健康状態の回復の兆しがある程度見られる場合は，復職後を見据えた働きかけによって，社会人として，職業人としていきいき働くことができるようサポート体制を組む。その場合，サポート側は復職への課題を整理したうえで，職場復帰だけでなくストレスへの対処や対人関係などを含む全人的な支援の在り方を考える必要がある。

　本事例では，ストレス コーピング インベントリー SCI（stress coping inventory）や TEG エゴグラムなどの心理検査や，認知行動療法 CBT（cognitive behavioral therapy），アサーションプログラム（assertion program）などを取り入れ，積極的に介入した点に特徴がある。

　Cl は X − 1 年 3 月末から休み，X − 1 年 6 月から 10 月まで休職の手続きを取る。その後復職し，翌年 X 年 3 月まで仕事を行う。年休を使いしばらく休むが，10 月まで仕事をマイペースで行う。

　X 年秋，別件で相談室に来室している先輩が，職場で共に仕事に取り組んでいる同僚とは話もせず，よく頭を抱え込んでいる後輩（考え込んでいる様子をよく見る；本事例 Cl）がいると話す。Cp は，一度相談室にと来談を勧めても

らう。

　初回のインテーク面接で，以下のような経緯を聞くことができた。

1．苦悩の中で：自分と仕事との関わり
　　((1)–(6)：X年11月–X＋1年5月)

　(1)インテーク面接　　Aさん　大学院修了後に入職約20年余　研究開発職

　主訴は，7年前に抑うつ状態で会社に行くことができなくなった経験があり，その時はすぐに回復したが，昨年5ヵ月休職をした。今回会社に行く気分になれないで困っている。前向きの思考はなく気力が沸いてこない状態である。

　X年11月初旬　Cl.来室　取り組んでいる仕事の課題が次々に入って来て身動きが取れなくなってしまった。クリニックに通院，抗うつ剤，胸やけ，嘔吐を抑える薬，不安や緊張を和らげる薬が投与される。

　Clは，商品の研究開発にあたっているが，部内全員で行うプレゼンテーションがうまくできず，上司にあたる先輩が肩代わりをすることも今までにあったと言う。

　家族は，共働きの妻（会社勤め）との2人暮らし。趣味は，楽器の演奏とスポーツ観戦である。

　見立てとして，以下の5つを挙げる。

①人間関係，対人関係を明確にする。商品化を目指す開発業務に同僚と一緒に取り組んでいるが，取り組み方が違うことで同僚との関係に崩れが見られる。

②上記の明確化を進めるにあたり，Clの認知の行動特性からアプローチする。心理的側面の問題について，自己理解を一層図るために心理テストを活用する。

③対人コミュニケーションを円滑にするには，Clが日ごろの自分の職場で同僚や上司との円滑な対人関係の構築が必要である。実践を通じてアサーション（自己主張による自己表現）の問題を考えることにする。

④ストレス場面や事態について，ストレス状況を客観化し，自身に生じている問題を正確に把握し，理解に努めることを目指す。

⑤Cp は，いきいき感が乏しい Cl に対して，職場の上司との連携を通じて
問題の解決を図っていくつもりであると Cl の了解をとる。また，職制と
Cp はオープンに Cl がいきいき感を取り戻せるように試みる。

Cl との取り決めは，上記の見立てと方針を説明し，

①隔週でカウンセリングを実施することとし，

②ストレス事態，場面を自身がどのように捉えているかについて認知行動療
法（cognitive behavioral therapy）を導入してと考える。ツールとして伊
藤絵美氏（洗足ストレスコーピングオフィス）の CBT のアセスメントシ
ートを参考に，心理テストも含むホームワークを求める。これにより明確
かつ具体的に考えることができ，Cl に対する心理教育に役立つと考える
ことができると伝え，カウンセリングへの積極的な関わりを求める。

(2)X 年 11 月上旬 Cl 来室　　週明けの 2 日間会社に出勤できず，新しいクリ
ニックに移ると，うつ状態の診断書が出る。翌 12 月，来室は休職中も可能な
ので，気が向いたら相談室への来室を促す。

(3)X + 1 年 4 月中旬　　復職に向けた相談をしたいとの電話による連絡が Cl
から入り，面接。この 1 ヵ月の様子について，Cp と話し合う。そろそろ復帰
したいが，反面，そのことを考えると気持ちが落ち込むと訴える。最短で，6
月から復帰したいと言う。クリニックの医師からは仕事はできるか？あるいは
差支えないか？と聞かれるが，明確には答えられなかったと言う。

(4)–(6)X + 1 年 5 月–6 月　　気分転換に連休のなか母親を連れ，趣味の野球
観戦に東京へ行く。

中旬：東京に息抜きに行ったこともあり，来室の時の表情は明るかった。
Cp としては，主治医から来月の 6 月に復職可と出れば，診断書を上司へ提出
し，会社は相応の復職の手続きに入ると伝える。復職判定委員会は復職は早く
ても翌月 1 日以降か，16 日以降になると決定。それまでに所属長である上司，
責任者と話し合う必要があると Cp は伝える。Cl がストレス事態，場面でどの
ように対処しているかを見るためにストレスコーピングインベントリーを実施
（SCI を Cl にホームワークとして預け，次回整理し結果の説明をするというこ
とで）[1]，次回持参の約束をする。

下旬：SCI のストレス事態，場面でも記述の通り，上司や同僚には，対ひと

との関係で自分の意見・考えをきちっと伝えるアサーション（自己主張による自己表現）に問題があることが改めて浮き彫りになり，今後のClの課題としてCpは捉え本人にそのことを言う。本セッションの終わりに，対ひととの関わりがいつも背景にあることが明確になったので，アサーション技法を取り入れ，自身の考えや気持ちを相手に率直に伝えるエクササイズを3回にわたり行う旨，伝える。

前ページ1）　200X ＋1年5月

　　R. Lazarus のストレスコーピング理論にもとづく SCI（ストレス コーピング インベントリー：日本健康心理研究所　1996　SCI　実務教育出版）を実施した。

ストレスコーピングインベントリー（SCI）の各尺度の結果

問題解決型	情動中心型	計画型	対決型	社会支援模索型
27	42	25	56	0
責任受容型	自己コントロール型	逃避型	離隔（自己中心）型	肯定評価型
50	56	50	19	6

　数値はパーセントを示す（概数）。高ければ当該タイプのコーピング（取り組み）が大で，50は普通程度の取り組み，30より低いと当該のコーピングが小で弱い。

　最近の「強い緊張を感じた状況」について，Cl自身の体験を書いてもらった。「6ヶ月ほど前に仕事上のトラブル，同僚との間での調整。課題解決のための調査で，満足な達成が得られそうにない可能性が高いものをテーマとして起案して，わざわざ時間をかけて開発すべきかどうかで強い緊張を感じた」とある。

　結果の解釈：上記事態において，SCIの64項目からなる対処，取り組みについて，大きくは問題志向への捉え方より，感情面，情緒面の捉え方が高く，出来事に対して積極的には関わらず，むしろ自身の気持ち（情動）の軽減を図る傾向があることがわかった。

　次に，8つの具体的なストレス事態の対処法は，全般に数値は低く強い特性は見られなかった。ストレス場面，事態に対する取り組みが弱く，低調であることが特徴としてあるが，なかでも比較的特徴のある特性は，積極的に対処・対決する対決型は50％を超えている。すなわち，問題解決に努力しょうとする傾向がある。逆に，他の人にサポートを仰ぐなどの対人的な社会的支援を求める（社会的支援模索型）と，自分のやり方や考え方を変える（肯定評価型）は弱く，柔軟性が少ないところに顕著な特徴があった。問題解決のために同僚や上司などに援助を求める社会的支援の模索は少なく，逆に自立心が強いのが特徴である。

　以上のように，対決型と自己コントロール型に特徴があることから，問題解決に向かおうとする，積極的に努力しょうとする，また物事に打ち込もうとするところと，冷静に対応しょうとする気持ちを持ち合わせていると見られた。あわせて肯定評価型も弱いことから，対人関係が弱く，また，自身と問題や出来事を切り離すことができないタイプと見られる。これらプロフィール結果をもとに説明を加えた。全般には，Clのストレス事態への対処（コーピング）は，社会支援，肯定評価，離隔に弱い特徴があることから，これらの対処法を自身に備えることが課題であると指摘した。

2．本物の自分を求めて（(7)–(12)：X＋1 年 6 月– 8 月）

(7)X＋1 年 6 月中旬・下旬　　上司と話し合った結果が Cp に報告され，今の開発の仕事を継続するには無理があり，開発を支える周辺関係（調査）の仕事であれば可能性としてよいかもしれないと Cp との話で出る。その時にこれまで関わってくれた上司が他部署を主に異動すると言う。後に Cl から最近，池井戸潤の『下町ロケット』を読んでよかったとの感想を話す。Cp は私も今『陸王』を読んでいるところと応じた。

　前回のカウンセリングでアサーションのことを指摘した流れで，今回具体例を引き合いにした。
〈例1〉　Cl は池井戸潤に感激したのか，その本も読みたいというので，『陸王』を貸してほしいということであれば，Cl の自己表現，自己主張，アサーションの問題にからめて，〈どのような頼み方をするか〉と話を投げかけた。Cl は少し考えた後に，「今相手が熱中しているので諦める」と言ったので，他の見方はと立て続けに問うたところ，「読み終わる時期を聞いて，その時に一週間貸してほしいとの確約をするのも頼み方としてあると」答えた。Cp からは，もっと強引に「『明日にでも貸して，金曜日は必ず返す』という借り方もありますね」とのやりとりをして，非主張的な自己表現，攻撃的な自己表現，また相手の気持ちを十分理解し，こちらの意見・考えもぶつけてのアサーティブな自己主張の問題を取り上げた。
　下旬　F 研究室に席を置くが，テーマの総元締めの仕事に関わることになる。
(8)X＋1 年 7 月上旬　　X 年の 11 月ごろに同僚と仕事の進め方で意見対立があったことが開陳される。Cl によると休む前の振り返りについては，次々に仕事入って来て，身動きが取れない状況に追い込まれたと言う。そのようななか，焦りとしんどさが急に増幅し，困った感が増大したが，組織の一部手直しがあって上司は異動したものの，人事配置はまだ整わず，Cl はまだ異動した上司の直接の指揮下である。Cp からは，日ごろの指導は実務に明るい先輩に相談しながら仕事を進めるよう助言する。後半のセッションでは，前回の続きでアサーションに対する理解を深めた。そのためにエクササイズも取り入れ

たセッションを設けた。ここでも具体例を出し，アサーテイブな表現が身につくように一層の理解を試みた。

〈例2〉　上司から終業時間の2時間前に，今日中に最近6ヵ月の首都圏の地区別商品AとBの受発注の実績一覧を作成してほしいと言われた。この日は今日中に終えないといけない自身の仕事がありとてもできない時にCl自身それをどう断るかを尋ねたところ，Cl自身，いつものようにただ「はい」と言うだけであったが，独り言として自身の気持ち，考えと違うと小声で喋っていた。この時にCpはまったくできないと突っ張ることも1つのやり方，すなわち攻撃的な自己主張，Clの頭にある非主張的な自己表現もあり得るが，それでは自身の仕事ができない，そこで相手もこちらも納得のいくまさにアサーテイブな自己表現は何かと尋ねた。このことのやり取りをしたのち，Clはうなずき，難しさを感じるがそれも1つのやり方と理解をしてルームを後にした。

(9)X＋1年8月上旬，8月下旬および月末　　7月末以降，体調を崩して入院していると入院先の病院からメールで受信。ClからCpへ，夏季一斉休暇もあり，当分来ることができない旨の連絡が入る。

下旬には，退院後に，配偶者と週末，駅に出て喫茶をする様子を伝えてくる。仕事のこと，会社のことを考えることがようやくできるようになったのでカウンセリングをお願いしたいとの話である。

(10)-(12)X＋1年9月初旬，9月上旬・中旬　　初旬には，リハビリを兼ねて毎日，自宅から駅まで出てティータイムの時間を取るようにしているとの連絡がメールで入る。上旬の来室の2日前にクリニック受診，1ヵ月の休養が必要との診断書が出る。先週体温は38℃，少し熱が出た。Clの所属の部署が2つに分かれ，Clは，F研究室から別の部署に移ることになった。健康状態を把握のため，うつ状態を測るSDSを実施，一時の調子の悪い時と比し，テスト結果からもごく普通の状態であるかとが判明[2]，本人にフィードバック。中旬の来室時にCBTのアセスメントシートの記入（詳しくは，84，85ページでも触れる）を求めた。

　　①ストレスを感じる出来事については，仕事相手からのメールによる質問に対して，「先方の回答があいまいであったことと，こちらの質問に対して否定するコメントがついていたことで，判断に相当困った」と言う。

②頭の中の考えやイメージについては Cl 自身，回答をそのまま受け取って
よいのであろうかとの疑問が湧き，なぜ相手が理解できないかとの疑問が
浮かび上がってきた。

③感情面・気分では，悩む時間の無駄によるイラッキ，困惑，ごまかされた
ことへの怒り，不信感が増幅したことを挙げた。

④身体的反応は，他のことが手につかなくなる，また，メールによる言葉も
含む狂暴化，乱暴なところが見られた。

⑤行動は，再度メールを出した。

⑥処し方として時間が解決するのを待つとした。

これらから，再度納得できないことを伝えるのも大事であると，このセッシ
ョンでは客観的に自らのストレス事態を見ることができたと言う。

また，認知行動療法のまとめとして，以下の事柄を話題として出した。

①今週自ら経験したことを客観的に描写をするようにまず求め

②次に，状況や相手の行動に対して自身の主観的な気持ちと考えを表現した
り，説明をしたりする。

③そして相手の気持ちに共感したり，特定の事柄，言動に対する自分の気持
ちを率直に冷静に述べることで，アサーテイブな自己表現ができ，円滑な
人と人のコミュニケーションが成立する。これらを実生活で活かすことに
よりストレスの度合いが弱まると伝える。

前ページ2）　200X＋1 年 9 月

　日本版 SDS（self-rating depression scale; Zung, W. W. K. 福田ら　1983　三京房）を実施。
SDS は 20 項目からなる情意テスト（自己評価式抑うつ性尺度）で憂うつ症状，イライラ感，
疲れ具合，睡眠などの状態がわかる。回答は 1．ないか，たまにから 4．ほとんど，いつも
までの 4 件法である。得点レンジは，最高 80 点から最低 20 点の範囲で Cl の総合得点は 37
点であった。200X 年の 12 月に医師から出た診断書は，うつ症状のため職務の遂行が無理と
の休職の診断書が出ている。10ヵ月後の時点での結果は，男性の標準化データの平均値が
35.05 であることから，本人の状態は平均状態と見なされ，普通と解釈し，本人にフィード
バックをした。

3．現実場面の自分と仕事を取り巻く環境について
(⒀-⒅：Ｘ＋1年9-Ｘ＋1)

⒀Ｘ＋1年9月末　　前に所属の部署が空中分解したことで組織の再編成が進みClは，組織再編について漠然とした不安があって，重くどっしり感が漂っていると言う。

⒁Ｘ＋1年10月初旬，3日後も　　メールによる送信および受信。4月の中旬以降来院のClに対して主治医から再度，復職可の診断書が出る。Cpは産業医とClの復職について意見交換をする。また，Clは所属長に復職後の仕事について希望の意思表示をする。

組織上Clの職場と離れている上司との面接について，Cpは上司の意向をまず尋ねるが，3者一同で中旬に話し合うことが決まる。

⒂Ｘ＋1年10月中旬，1週間後も来室　　上司がいる職場とClの職場は離れていて実際，目が届く場所には上司はいないために新たな上司のもと，元同僚がいるところと別の上司のもとでサポート役としてやっていくことに決定。

生活リズムの確認を行う。薬は21時から23時の間に服用，就寝は23時過ぎ，この両日は7時に起床。体力の回復を図っているところとの話であった。

10月末に健康保険組合から11月上旬復職判定委員会が開催の予定であると連絡が入る。1週間後の来室の折，Clに自我状態を理解するためにTEGエゴグラムを実施して次回に持参するように求める。

⒃Ｘ＋1年10月末　上司とCl.別々に面談　　Clの上司とCpが面談（コンサルテーション），Clの今後について意見を交わす。11月上旬の復職判定委員会の顔触れ（F研究室責任者，責任者の上の総責任者，直接指導にあたっている上司，それに招集者の健康保険組合の医師）のもとに委員会の開催が予定される。

Clに対しては，TEGの整理と結果の説明[3]を行い，プロフィール結果と解説用プリントで共有を図った。

⒄Ｘ＋1年11月初旬　　来室の2日前に精神科医による診察，CBTのアセスメントシートを前回から2ヵ月弱の時点で再度，シートの記述を求めた。Cl

は，これまで何度か同僚との関係で躓いていることを表明していたが，本セッションで明確にそのことが記述（下記の①にみられる同僚との研究方針や方向性について，仕事をどうするかで意見が対立）された。

　心理面の問題の理解を図るにはできる限り視覚化を取り入れた。ストレスの事態・場面→→ Cl の考えやイメージ，浮かんだことを書き留める。CBT のアセスメントシートを Cl と Cp がシートを前にチェックをしたところ，

①ストレス事態で本人が取り上げたのは，「同僚との研究方針や方向性について仕事の進め方をどうするかで意見が対立，理想的で且つ実りある研究を行うか，あるいは極めて限定的な現実的で且つ便宜的な研究を進めていくか」の大きな出来事が問題とされた。

②ストレス場面・事態を受けて，認知：頭の中の考えやイメージ（自動思考）は，なぜ話をしても理解してもらえないのか，話し方が悪いのか？共同作業は不適では？

③気分・感情：困惑，迷惑，焦り（テーマ申請期限が迫っていた）がそれぞれ 80%，70%，90%。手詰まり感，イライラ感も。

④身体的反応：身体の方も緊張を伴うことから肩こり，疲れが出て，考えが拡がらない状態。

⑤行動：生活リズムが崩れ，思考にまとまりを欠き，自身も相手との距離を置くようになった。頭の中では，「なぜ相手に理解してもらえないか，話

前ページ 3 ）　200X + 1 年 10 月

　　対人関係に問題を抱えている Cl に対して Berne, E.（1964）の交流分析理論にもとづき Dusay, J.（1977）によって開発された TEG エゴグラムを用いた（初版　1984　Tokyo University Egogram New Version No. 815　金子書房）。

　　エゴグラムは「個人のパーソナリティの各自我状態同士の関係と外部に放出している心的エネルギーの量と評価し，それを図示したもの」である。

　　5 つの尺度のうち，特徴的な点を取り上げる。Cl がもつ批判的な親の自我状態の Critical Parent（CP）について，Cl の結果は 20 パーセンタイルで弱く低い。CP の典型的な特徴は理想，責任，批判などの価値判断や倫理観など父親的な厳しい要素を主としている。本結果は，低いことから具体的にはおっとりしている，また，責任感が弱く，排他的であるとみられる。

　　同じ親の養育的な母親の自我状態の Nurturing Parent（NP）は，共感，思いやり，保護をするといった子どもの成長を促進する母親的なやさしい要素を主としている。

　　結果は，35 パーセンタイルでやや低い。人の世話をしたり，親切で，寛容的な態度や行動を示すは Critical Parent（CP）より高いが強くはない。↗

↘また，Adult（A）は 60 パーセンタイルで比較的強い。具体的な特徴は，冷静沈着，理性的で合理性を重んじる面が見られる一方で，面白みがなく，機械的，無味乾燥の感が強いに特徴を示す。

　次に，CIがもつ子どもの自我状態の順応した気持ち Adapted Child（AC）について，90パーセンタイルを超え，がまん強い，素直である，従順である反面，遠慮しがち，自分の意見が言えない，利口ぶる，我慢してしまうが強い。

　他方，自由な子どもの気持ちを示す Free Child（FC）について，5 パーセンタイル以下できわめて弱かった。具体的な特徴はおとなしく控えめ，物静かである。感情的にならない，素直に自己表現ができないの特徴をもつ。これら結果を本人にプロフィールをもとに説明を加えフィードバックをした。

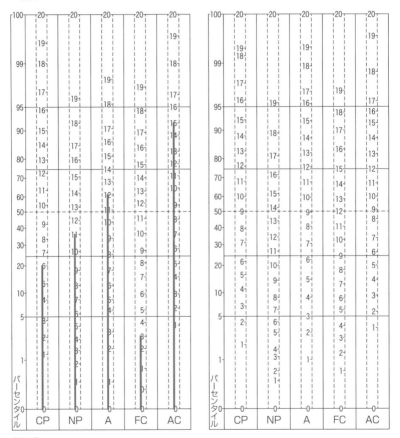

［備考］
L＝2
Q（55 の質問項目のうち，どちらでもないと答えた数の合計）＝19

注図　A さんの TEG エゴグラムのプロフィール結果

し方がまずいのか？ 根本の限定的な，便宜的な方法では必ず問題が生じる，そのときには，面倒なことには巻き込まれたくない，あげくのはて，共同作業には自身は不向きではとの考えが膨らんだ」と言う。

⑥こうしたなか，最終的な対処として実際の処し方は，理想的な方法と現実的な限定的な方法はやむを得ないと考える，すなわち，相手のやり方，Clのやりかた2つの考え方はやむを得ないとCpとの間で共有ができた。

Clはストレス場面・事態の理解をするのに図示でもって整理ができたことは，視覚化をすることによって客観的にストレスの理解に大いに役立ったとも言う。

⑱X＋1年11月下旬，その前にClからCpへ　　メールを受信，サポート会議で復職後の復帰プログラムが検討課題として取り上げられる。

4．ストレスの客観化のなかでの新しい自己自身の発見
(⑲–㉑) X＋1年11月–12月)

⑲X＋1年11月下旬　2回Cl.来室　　復帰に向け，初めてのサポート会議が開催される。産業医，上司を交えた復帰に向けた日程の打ち合わせが行われた。Cpも日程を聞き，12月初旬試しの出勤が，そのあと前半の4日間は朝から15時まで。後半の6日間は就業時間の定時勤務を確認した。

⑳X＋1年12月復職初日　　Clから Cpにメールによる連絡が入った。本日の様子について，新たな担当の上司から仕事内容について話し合いがあり，担当業務のロードマップの作製と管理部門のグループとしての体質改善についてもやって行くことを確認，仕事量や時間，対人的な関わりについては，Clではなく上司が全面的に立つとの受信内容であった。

㉑X＋1年12月復職後4日　Cl来室　　かねてから2者関係で自分の考え気持ちを相手に正確に伝えることができない，苦手意識が大であったことから，アサーションの問題をセッションの中で取り入れた。

図を提示し，上司とClの位置関係を行う。4象限の中で位置を書き込む，また，配偶者とClの位置関係についても図にして話し合う。同時に，今の仕事関係については直接の担当の上司と，相談の役割を担っている上司は場所が

異なっているために，密に連絡を取るのはよほど当人がアサ―テイブな話，展開ができるなら一気に問題解決につながるがこの辺りは，周りも含めゆっくり，じっくり見守ることが肝要であると伝える。

Cl は，相談役の上司から資料を受け取ったことから，少し落ち着いて会社にも来ている。余裕が出て来たのか，スポーツ観戦に出かける。

5．停滞から緩やかに一歩前に進む
（(22)–(24)Ｘ＋1 年 12–Ｘ＋2 年 1 月）

(22)Ｘ＋1 年 12 月上旬　　サポート会議では，産業医，上司を交えた復帰に向けた日程の打ち合わせが行われた。出席者は，Ｆ研究室責任者，Cl の上司，産業医，産業保健スタッフ，人事の責任者。異動先のＧ研究室責任者から Cl に対してゆっくりと仕事に取り組むように話があり，12 月に正式に職場復帰が決まる。

(23)Ｘ＋1 年 12 月中旬　　Ｇ研究室の管理部門に新しく配属，各研究室のテーマの進捗のチェックと先を見越したテーマの設定をベテランの先輩と行う。

また，3 日終わった時点で面談，本人によると緊張感があったが，特にしんどさは訴えていなかった。そうした中 Cl の家庭で配偶者とこれからの生き方について意見を交わしたと言う。

現仕事に対する自らの興味，関心について，一緒にやっている同僚との意見が合わないこと，自身が商品開発で取り組んでいる進め方には問題はなく，同僚は安易なやり方でやろうとしていてどうしても折り合わない。このままでは，消化不良で現職位からの上位職は難しく，収入的には下降をたどる。そのために，蓄えも含め配偶者の収入も含めた生涯設計について話し合い，有益であったと言う。

さらに，Cl 自身職場の対ひととの関係について，対人スキルが低いことは自身よく分かっているが，テーマや二人で行う業務については，上司とは事前によく話し合うことが大事と Cp から伝える。今後，Cl がクリアすべき点を注視するつもりと話すと穏やかな表情を見せた。

仕事を開始するが，業務の負荷の配慮と残業規制を敷くことで話が進み，の

ちに徐々に就業規制を緩和することの確認がなされた。完全復帰に向けて，Cp から所属長に商品の不具合対応のフォローを行うことで開発と少し距離を置きルーティンワークを入れるように提案。次回は，年明けに来室予約。

⑳X＋2年1月中旬　　無理ない範囲で仕事に取り組むことができ，問題なく過ごしている。今後また，躓きかけた場合は早い目に来室するようにと伝え，終結とした。

6．考察とまとめ

この事例を振り返ると，初回のインテークからおよそ5期に分けることができた。第1期は苦悩の中の自分と仕事の関わり，具体的なストレス場面が仕事上のトラブル，同僚との間での調整。仕事の中で課題解決のための調査がトラブルのもとであったため，SCI を通して対処の問題に切り込んだ。第2期は，本物の自己自身を求めるために心理検査とストレス場面・事態の客観化の問題を取り上げた。SDS の実施，ストレスの原因が対人関係の崩れであったことからも，エクササイズも取り入れ，対人アサーションの問題まで踏み込んだカウンセリングを展開。そして第3期に至っては，現実吟味にねらいをおき，現実場面での仕事（自己自身）と仕事を取り巻く環境について，洗足ストレスコーピングオフィスの伊藤絵美氏による CBT のアセスメントシートを用い，自身のストレス場面・事態での考えやイメージの認知の部分，感情・気分の問題，身体的反応や行動面の個人側の問題に向き合った。CI 自身このセッションは大きな意味をもったと振り返っている。また，対人関係で重要な働きをする個人の自我状態を TEG エゴグラム結果をプロフィールから考察し理解を図った。

第4期では，ストレスの場面・事態が仕事に関わる2者関係の意見の対立がクローズアップされたことでアサーションの復習に重きを置いた。

最後の第5期は，コンサルテーションも適宜取り入れたなかで，新しい配属先で気持ち的にも緩やかな回復を確かめながら歩み出した。

本事例は，復職に向けたカウンセリングを全24回行い，産業医との連携1回，職制のすぐ上の上司，組織上の上司などのコンサルテーション3回（ただし，メールによる送受信は除外）を数えた。特に，事業場内の相談室の利点が

活用できたことと，SCI など心理検査を視覚化し共有できたことがうまくカウンセリングを進展させたように思われる。

　本事例は，事業場内に相談室があることで健康管理室に常駐の産業保健スタッフ（産業医）との連携，また，職場の方では職制上すぐ上の上司，またその上の上司や Cl が所属の人事担当者としっかりした連携を節目，節目で図ることで再適応をスムーズに図ることができた。要は，Cl をめぐるコンサルテーションであるが，近年多くの産業現場では組織の再編と人の配置に時間的ずれがある場合が結構多い。

　カウンセリングを展開中には，本事例に限らず組織の再編に伴う人の異動の問題が必ず生じる。例えば，直属の上司は異動，しかし完全な再編は後を追ってとなると，上司の配下に Cl はいても，そのままに残った Cl は上司のいない職場にいる現象が生じる。また，大きくは負担軽減で所属は今までと同じ，同じ部内で他部署の仕事も行う場合，組織上すっきりしない。このようなことが現実的に起こるが，Cp は外部と違って事業場内にいるためよりしっかりした連携ができたのも本事例の特色として挙げられる。また，コンサルテーションは，リスク対応を除き Cl の了解を得て行うのが再適応を図るには重要であることは言うまでもない。

　今回の事例では，中村美奈子（2013, 2016, 2019）は，働くための能力は Bio（セルフマネジメント）レベルから Psycho（認知行動特性）レベル，Social（対人コミュニケーション）レベル，目指すは Vocational（総合的業務遂行能力）レベルの4次元に分けているが，中村氏の復職支援に対しての数々の成果は得るものが大きく大いに参考になった。

　本事例は，第1レベルの Biological（健康状態）では，身体的な健康状態が改善される中復職支援に向けた働きに動き出した。特に心理的（Psychological），社会的（Social）レベルでの支援は重要で，個人の心理的レベルの問題として，自己理解を促進するために心理検査を用いた。また，実際の対人コミュニケーションについては，アサーションのエクササイズを通し身につけたことから順調に復職の道を開いたと思われる。また，ストレスに関わる Cl のうつの状態を生理・心理レベルから押さえ，対人関係で Cl の自我状態を見るために TEG エゴグラムを用い自己理解を図った。視覚化，図示化で Cl と Cp

は共有が可能となり，心理教育的な面に力を注ぎ，Cl は自己の内面をより深く自身の問題としてとらえるのに役立った。第 2 レベル，第 3 レベルの問題がクリアされると，第 4 レベルの職業的，すなわち，総合的業務遂行力につながる。第 4 レベルは，働くことができる，生きるための支援で Cl は，休職を通してカウンセリンで自らの課題に直面し，主体的に取り組むこと，最終段階で主体的に乗り越えることができそうとの経験を踏まえて復帰は実現した。

　中村（2019）は，職業的レベルを目指し支援するのが復職支援の最終目標としているが，本事例においても心理，社会的レベルの支援ができたことから，休職から復職の最終段階で社会人として，職業人としていきいきと働く Cl の姿が浮かび上がり，見ることができたと思われる。

文　献

平木典子（1993）．アサーション・トレーニング―さわやかな（自己表現）のために― 日本・精神技術研究所

平木典子（編）（2005）．アサーション・トレーニング　現代のエスプリ 450　至文堂

伊藤絵美（2005）．認知療法・認知行動療法カウンセリング　CBT カウンセリング　初級ワークショップ　星和書店

中村美奈子（2013）．職業的アイデンティティ再構築を支援目標とした復職支援　心理臨床学研究, *31*(5), 821-832.

中村美奈子（2015）．就労向上能力を目指す若年長期休職者への復職支援　心理臨床学研究, *32*(6), 694-704.

中村美奈子（2016）．パニック障害による休職者への復帰支援―Bio-Psycho-Social-Vocational の視点による休職者の社会性と労使の関係性回復への支援―　日本心理臨床学会第 35 回大会（国際医療福祉大学）発表論文集, 164.

中村美奈子（2019）．復職支援で心理的な課題を扱うこと―依存症にまつわるうつ病で休職した事例から―　日本心理臨床学会第 38 回大会（日本心理臨床学会理事会主催）発表論文集, 119.

第Ⅲ部

対談と試論

　2011年，まだ女性の在職者の活躍が社会に大きく報じられることが少なかったときに，日本応用心理学会においてわが国の宇宙飛行士の山崎直子氏と対談の機会に恵まれた。ここでは，山崎直子氏が希望に燃えて宇宙飛行士になられた強い決意と，宇宙への出発前に行う訓練，目的に向かって進む姿を紹介する。山崎氏の活躍は，女性に限らず男性も含め誰にとっても，目標をもって仕事に向かう人間の姿に強く印象づけられた大きな出来事であったと捉えることができるだろう。特に仕事（ミッション）をもつという意味を改めて感じることができた。この対談を通じて学ぶことは大きかった。ここにあらためて読者諸氏にも味わっていただきたいと思う[1]。

　さて，働く人たちが所属する組織や職場のメンタルヘルス風土醸成は喫緊の課題である。そこでその解題解決のための一助となればとの思いで，筆者の日ごろのカウンセリング活動で得たものを紹介したいと思う。筆者がエッセイとして書き留めたものを幾つか纏めてみたものである。特に，ここで取り上げたものは，多くの働く人たちの目に留めていただくために書籍に載せたものが2点，労働組合の広報誌に載せたものが12点と，いずれも働く人たちに寄せたものである。

　私たちは生きるがために働く。現実の労働の世界で仕事をもつことでさまざまな体験，経験を得，その中でストレスも感じる。それらの働く人たちに寄り添いカウンセリングを試みることによって心身ともに元気になって，一人でも多くの人たちが生きがい，やりがい，はりあいをもって過ごすことができるようにサポートすることにカウンセラーの使命がある。カウンセリングが，生活の中で大きな力になっていることを本エッセイから読み取っていただくことができれば幸いである。

1）　日本応用心理学会の許可ならびに山崎氏のご厚意のもと本稿への掲載が実現した。あらためて掲載の許諾に対し，この場をお借りして謝意を表したい。

ここではカウンセリングのねらいを3つに定めて順を追ってそれぞれのテーマごとに，①人間関係，すなわち，対人関係を問題としているもの，②心身に関した自身の問題にスポットを当てたもの，③社会・心理関係の問題を取り上げていくことにする。

JAXA 事務所にて（2011 年 2 月 23 日　右：山崎直子氏　左：筆者）

やまざき・なおこ（山崎直子）◎ JAXA（宇宙航空開発機構）有人宇宙技術部宇宙飛行士。東京大学大学院工学系研究科研究生（2011 年 2 月 23 日対談当時）。
現女子美術大学客員教授，宇宙政策委員会委員。2 女の母。1970 年千葉県出身。東京大学工学部航空学科卒業。2001 年 JAXA で宇宙飛行士として認定される。2006 年 NASA より MS（搭乗運用技術者）としてアジア国籍女性初の認定。2010 年 4 月スペースシャトル「デイスカバリー」ロードマスター（物資の移送責任者）として移送物資の管理や，作業の指揮を担当。

もりした・たかはる（森下高治）◎日本応用心理学会理事長，帝塚山大学／同大学院産業心理臨床領域教授（2011 年 2 月 23 日対談当時）。
現帝塚山大学名誉教授，特定非営利活動法人大学院連合メンタルヘルスセンター　シニアフェロー。1944 年大阪府出身。1973 年関西学院大学大学院文学研究科教育心理学専攻博士課程修了。文学博士，臨床心理士。研究課題は，働く人たちのライフ・スタイル問題，メンタルヘルスに関わるストレス問題。職業行動の問題を調査研究と実践（カウンセリング）の両面から取り組んでいる。

第 1 章

宇宙飛行士 山崎直子氏との対談

生命を感じた宇宙

森下◎山崎さんは，昨年，スペースシャトル「ディスカバリー号」で宇宙に行かれて。私もテレビで拝見していました。「宇宙へ行く」とはどんな感覚なのでしょうか？　山崎さんが初めて自分の目で地球を見たとき，あるいは宇宙から宇宙を見たときはどんな印象でしたか。

山崎◎まず，スペースシャトルに乗り込みまして，エンジンに着火して，打ち上がってから8分30秒で宇宙に到達してしまうんです。ものすごく短い間なんですけれども，その短い間にどんどん宇宙船が加速していきまして，最後の1分半ぐらいは，自分の体重が3倍になった重さに感じられるんです。なので，呼吸も意識して大きくしないとちょっと胸が苦しくなります。その1分30秒を経て，宇宙に到達するとプツンとエンジンが止まるんです。ですから，体重の3倍くらいの重苦しいところからいきなり無重力になった瞬間というのが，自分のなかでは本当に嬉しいという感じがしたんです。

森下◎生命誕生の瞬間のようですね。

山崎◎ええ，本当に。体のなかに太古の記憶がよみがえるじゃないですけれども，生命が生まれて，それからどんどん進化していった，そのどこかの記憶のなかに宇宙の記憶があるのか，とても体全体が懐かしいような気持ちになりました。それで，その無重力の状態を漂いながら窓のほうに行って地球を見たときは，ちょうど夜明けの直後だったんです。ですから太陽の光がさんさんと輝いていまして，地球が輝いている状態で，何ともいえない，地球自身が生きているというような，理屈じゃないんですね。体で「生きているなあ」と感じる感覚でした。

森下◎地球は青かったというのは正しいですか。

山崎◎はい，青く輝いていました。写真を持ってきたんですけど，NASAの写真は私が窓から撮ったんです。上側に地球があって，輝いているのが太陽です。太陽が出ていてもその背景の宇宙が吸い込まれそうに真っ暗なんです。こういう光景を見たときに，太陽も大きな宇宙のなかで1つの星であって，地球というのもさらに本当に小さな星で，すべてが相対論的に感じられてしまうんですよね，上も下もなく。この広い宇宙のなかで，こうやって生きているというのが奇跡的なように感じました。

森下◎この目で見てみたいですね。

山崎◎そうです。たくさんの人が行ける時代になるといいなと思います。

試験・訓練時での心理学との出会い

森下◎宇宙を目指された最初のきっかけは，北海道での星の観察だとお聞きしましたが。

山崎◎5歳から7歳まで北海道で暮らしていたのですが，近所でやっている，「星を見る会」というのがありまして，それに参加して。寒いなかで順番が来るのをずっと列で待つんです。ようやく自分の番が来たときに，レンズからのぞいた月のクレーターが，手を伸ばせば届きそうなくらいにきれいに見えまして「宇宙はすてきだな」と思いました。実際に中学3年生のときに，スペースシャトル「チャレンジャー号」の打ち上げの様子をテレビで見まして，本当に宇宙船があるということがわかって，宇宙に行きたいなというのを意識し出したんです。

森下◎夢が叶ったというわけですね。でも宇宙飛行士という道に進まれるには大変なご苦労があったでしょうね。試験はいかがでしたか？

山崎◎1年がかりの試験でしたね。最初の書類検査から始まって，1次試験では筆記試験，一般教養の試験とともに筆記の心理テスト，適性検査のようなものもあったんです。「海と山はどちらが好きか」とか「黒と白はどちらが好きか」とか「あなたは神である，イエス，ノー」とか「火事で死ぬのと溺れて死ぬのとどっちがいいか」とか。2次試験は医学検査で，みっちり1週間をかけ

て人間ドックのようなものとともにインタビュー，面接という形で心理的な面も見ていたのかもしれません。3次検査が最終検査なんですけれども候補者が8人残りまして，8人で1週間，ちょうど大型バス1台分ぐらいのような空間にみんなで寝泊まりをしつつ，常に監視カメラで観察をされて，外にも行けないし電話もテレビもないというなかで，グループとしての心理的なダイナミクスを見ていたと。毎日課題を出されるんですけれども，最初は朝に個人の課題，例えば意味のないアルファベットの列が紙1枚渡されまして，それをひたすらタイピングしていったり，グループでディスカッションをやったり，真っ白いジグゾーパズルを1人でできるところまで組み立てなさいというのをやったり，何でこんなことをやるんだろうというのはわからないんですけれども，すごく楽しかったです。ただ，その試験を終わった後も試験でどうだったとか，そういう結果というのはまったく教えてくれないんです。ですから私たちにとってはいまだにその試験というのは非常にブラックボックスでして，何だったんだろうねと，今でも同僚の宇宙飛行士たちとよく冗談で話し合います。

森下◎私と適性問題・検査の関わりは，学部の後半から大学院にかけ学び今日に至っています。1981年にアメリカのジョンズホプキンス大学のホランド教授が作られた適性検査（The Self Directed Search）を日本版として公刊したんです。その後キャリア問題がクローズアップされるなか，2006年に改訂版を出したんです。宇宙飛行士，航空宇宙関係に携わる皆さんの適性はいったい何かというのをこの間から考えていまして，まず何といっても研究に対しての興味あるいは能力をおもちでないと，と考えますが，山崎さんのお考えはいかがですか。

山崎◎宇宙飛行士はNASAのなかで今は100人ぐらい，日本人では候補者も含めてJAXAで11人歴代いました。皆さんは性格という意味ではばらけているんですよね。私は比較的のんびりやのほうだと思うんですけれども，本当にせっかちな人もいますし，おしゃべりな人もいれば，すごくもの静かな人もいるし，わざとばらけさせているのかどうかはわからないんですけど。ただ，そのなかでも皆さんは好奇心をもっていたり，最後はどこか楽観的なところがあったり，何か共通しているところもあるのかなとは感じていました。

森下◎ホランド博士は，グループには共通したパーソナリティがあるというの

を打ち出しています。宇宙飛行士の方にもあると思いますね。共通を基本に個々人では違った面も一部取り入れるのが，組織の活性化，もしくは集団として機能していくのに必要です。これが，採用判断のなかにあるのかなと思いました。

山崎◎面白い研究課題かもしれないですね。

厳しい訓練を経て

森下◎宇宙飛行士になるまで，また宇宙でも，内面との闘いが多いと思うのですが，実際の訓練はいかがでしたか。

山崎◎どうしても宇宙に行くまでの期間というのは，そのときの状況によっても違うんですが，大体10年ぐらいかかる人が多いんですね。そうなってくると，やはり内面との闘いというのは多いと思います。訓練のなかで心理学的な訓練をそれほど系統立ててやるわけではないんですけれども，最初に宇宙飛行士の候補者に選ばれて2年半ぐらいみっちり基礎訓練をやるなかで，心理学的なことを少し教えていただきました。そのときにはセルフコントロールというところから始まったんですね。自分自身をまず理解して，ちょっと何か不安だったり恐れだったり，自分でそういう状況だなというのがわかったときにはあえて呼吸を整えたり，自分で意識してまず自分のコントロールを整えましょうというところから始まって。

　あとは実地ですね。NASAでやっている訓練ですけれども，例えば10人ぐらいで2週間ぐらい山のなかをハイキングというか散策します。ミッションとしては，2週間でA地点からスタートしてB地点まで行きなさいと。途中どのルートを通ったり，どんなことをするかはそのグループで決めなさいという形で，1日1日リーダーを替えていきます。そのリーダーをどう決めるかというところから，どういうルートで行くか，また自然が相手ですから天候が崩れたり思った通りにいかなかったり，そうなるとその都度計画を変更していくと。そういうなかで，今度は逆にグループとしてのリーダーシップ，あるいはフォロワーシップ，そういうものを身に付けましょうというのをやりますね。

森下◎机上の勉強ではやはり身に付かない，厳しい訓練ですね。応用心理学の

分野からいうと，仮に10人のグループですと，そこを凝集していくことが必要でしょうし。最後に訓練のなかで振り返り，それぞれのことについてチェックをされて，それを結果として出されて，それが次回につながっていくという，非常に大事なことを実際に訓練のなかでもなさっているのですごく関心があります。

メンタルヘルスについて

森下◎お話を伺っていると初志貫徹で。途中迷われたりすることもあったと思いますが。

山崎◎やはり「宇宙に行きたいな」と純粋に思っているときは楽しいんですよね。でも実際に宇宙飛行士に選ばれて訓練をしていて，途中でスペースシャトルの事故があったりして宇宙計画が白紙に，先行きが不透明になったりしていろいろな時期もあって，結局10年ぐらいあるなかで，だんだん使命感というか責任感になってきまして。

　「行きたいな」という純粋な気持ちもあるんですけれども，自分は「行かないといけない」「ねばならない」みたいな感覚になってきたときもあるんですよね。そういうときのほうがつらいですね。いろいろなことが重なって，逆に使命感のような追い詰められた状態になると結構大変だったなと思います。

森下◎私は，メンタルヘルスの視点から働く人たちの心の健康問題を扱っているんですけれど，今の山崎さんのお話のなかで，「ねばならない」というお話が出ましたが，われわれは「べき思考」という言い方をしています。これは非常にこだわりがあって，かえって自分を制約してやっていくんですね。そして自分を追い込んで行って心を壊してしまう方も多いんです。でも本当は，人間はみんな自分自身を大切に，充実した生活が送れる社会の実現に向けて動いている。それをサポートしていくのがまさに心理学の役目なんです。

山崎◎本当にそうですね。逆に「何々すべき」というとだんだん狭めていってしまう。そうかもしれないですね。

次のステップへ

森下◎山崎さんはそんな時期も乗り越えられて，新しい道に進まれているのですね。今は勉強にいっていらっしゃる？　それは，何に目標を置いていらっしゃるんですか。

山崎◎2つ考えることがありまして，1つは，たくさんの人がこれから宇宙に行ける時代になってほしいと思うんです。ですから，そのためにこれから何ができるかというのを少しゆっくり考える時間が欲しいなと思いました。もう1つが，同じ方向を見つつ結婚しましたが，結局主人のほうが退職せざるを得なくなって，その後いろいろ状況もあり，まだ復職していないというか，彼自身がそういうもう少しバランスよくできれば一番理想なんです。私は決して私たちのケースが理想だとは思っていなくて，もう少しうまくやれればよかったなと考えるときもあります。今まで訓練をしてきた11年間というのは，ある意味その訓練にずっと集中してきました。ゴールがなかなか見えないなかで，いつゴールできるんだろうと思いながら目隠しをしてマラソンをしているような気持ちになるときもありましたけれども，やることは決まっていてそのゴールに向かって走るということで明快だったと思うんですが。いろいろな人生のフェーズがありますよね。ゴールが明確になっていてそれに走るフェーズもあれば，そのゴールを定めるフェーズというか，その間の時期というのはもっといろいろ考えますし，悩むときもあります。でも，それで少しずつ自分がどうしていこうという，また興味を見つけていく。今は逆にそういう時期でして，そういう意味でも今まで集中していた分，もう少し広く自分を考え直したい，いろいろな人と出会い，いろいろのことに触れて次のステップに向かいたいと思ったんです。それで，いったん訓練100％という時期から少し離れまして，もう少し広く自己研鑽したいなと思いました。

森下◎最近国のほうでも積極的に言っていますが，ワークライフバランスについて。ここのところが私のテーマでもあるんです。目標というのがあっても，目標に向かうところの過程というか，これは楽しみながらやらないといけないという。これは先ほどからの山崎さんのお話とずっと関連するんですね。私は

よく働く人たちに対しても言うんですけれども，やはりメンタルヘルス問題で休職に追い込まれるケースがあるんですが，そういうなかで，人間がいて仕事があるという，この発想でないといけないんです。ところが企業戦士というか会社の人たちは第一線で今働いている，私も随分第一線の方々のフォローをさせていただいていますけど，まず仕事があって自分なんですね。仕事がこけますと人間自身もこけてしまう。今のお話でまさに自らの実践のなかで今はちょっと勉強中とおっしゃっていて，これは私なんか逆に学ばせていただきたいと思って。それが自分の生き方のなかで非常に大事であるというか，これは大いに私の心理学からいうと，山崎さんはいいモデルでして，大いにワークライフバランスの実現とか，いろいろな形で応用心理学の領域というのを拡げていけたらと。私は最終的に心理学は幸せの学問と位置づけているんです。不幸ではなくて幸せの学問，しかも自己実現と安寧や，自分のこれまでの哲学，自分が目指してきたもの，それをするにはどうすればいいかというのを考えながら生きていくという。

若手研究者に向けて

森下◎最後の話になってきますけれども，応用心理学会も若手の女性の研究者が多いんです。ぜひ山崎さんから若手の研究者に，こういうことを頭に置いてこれから勉強をするようにというような助言をいただきたいんです。

山崎◎恐れ多くて，私のほうが助言を研究者の方からいただきたいと思いますが。私自身が心掛けていたのは，人生は長いですから，あるときは仕事が大事な時期もあるし，あるときはライフのほうが大事な時期もあるでしょうし，その都度波があっていいのかなと思ったんですね。また，人と違っていていいんだろうなと。私たちも宇宙飛行士の同期がいろいろいますけれども，皆が同じような人生を歩めるわけでもないですし。逆にそれでは面白くないですから，マイペースで自分に合った波に乗って行くのがいいのかなということは心掛けていました。そのときに近くだけを見ているとすごくアップアップしてしまうので，できるだけ遠くを見て。そのなかで夢や目標といっても，すぐにやる目標もあれば，長い時間をかけてこそやることもあるでしょうし，人生をかけて

101

やる目標もあるでしょうし，それぞれだと思うので，ぜひ遠くを見ることを私自身は心掛けています。

森下◎私が日ごろ考えていることは人との関わりについて，宇宙のほうのお話でも，たくさんの方によってあれだけの事業というか，大きなことができていると。いつも私が思っているのは，自分が今日あるのもたくさんの人に応援していただいているわけです。私は今，第2代の応用心理学会の理事長ですけど，本当にたくさんの人に支えていただいていると感じている日々です。そういう人たちを大事にしながら，また次のステップを踏んでいくというか，これが非常に大事ですよね。私がよく言っているのは，人間は生まれて自分白身を楽しく生きて，そして充実感がもてる社会があって，また生活ができ，あるいは生きていく，そこが大事なんですけどね。それをまさにサポートしていくというのが応用心理学の役目かなと思っています。

　あらためて宇宙飛行士の訓練のお話を聞きますと，集団内で凝集性を高めるためにいろいろな努力をされて，皆が1つになって宇宙にいくようになっている，そして地上の皆さんの協力もあったという。そのさらに背景にはご家族とか周りの協力がある。これは，大いに学ぶところがあるなと思いました。

　また，応用心理学会の会員のなかに名誉会員の垣本由紀子先生（元航空・鉄道事故調査委員会委員，現日本ヒューマンファクタ研究所（顧問兼安全人間工学担当）および立正大学大学院兼任講師）がいらっしゃいまして，安全問題も含めていろいろ提言をされているんです。そういうことで応用心理学自体が，宇宙工学も含めて非常に密接に今つながっているんです。もっとこれから応用心理学が宇宙工学に貢献できることを願っています。

　今日は短い時間ですが，貴重なお話をありがとうございました。

山崎◎森下先生が先ほどおっしゃった，何ごとも人だと思いました。宇宙船のこれだけの技術は，宇宙分野でも最終的には人がやっていることで，人がいろいろなことを決めていると。また，宇宙を切り口にこうしていろいろな方と一緒に仕事をしたり，出会えていることにすごく感謝しているんですね。ですから今日もこういう形で機会をいただいてうれしく思っております。本当にありがとうございました。

（2011年2月23日　JAXA事務所にて）

第 2 章

カウンセリングに関するエッセイ

1. 対人関係，自己表現・アサーションの問題について

　カウンセリングでは，対人関係による崩れの相談がある。そのために対人関係，人とのかかわりをどうもつか，円滑な対人関係ができると組織運営もうまくはかどる。

1-1　よりよい関係を求めて

　誰もが困難に直面するときや言い争いをすることがあります。特に，職場でも，職場外でも自分と他者との関係がうまくいかないと憂うつになったり，気持ちが重くなったりします。ストレスの最大の原因は人間関係であることがこれまでの研究で明らかになっています。

　つたない人間関係では，自分を表現し，主張したりするが，そのとき相手の言うことは聞かない。しかし相手の尊重なくして両者のよい関係は成り立ちません。

　あなたは，誰かにいい感じをもったときは，その気持ちを素直に表すことができますか？　また，あなたが他の人と異なった意見や感じをもっているとき，それを表現することができますか？　この2つは自分から相手へ働きかける言動です。

　一方，人から褒められたとき，素直に対応できますか？　また，話を中断して話し出した人に，その答えとして何か言えますか？　この2つは相手の動きに対する自分の働きかけです。

　ここで4つとも「はい」となると，自分を表現することがきっちりとできて

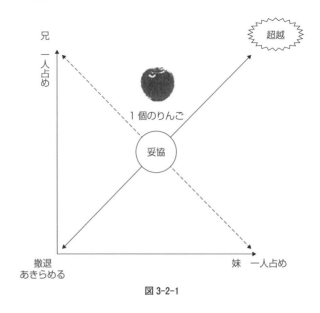

図 3-2-1

いることになります。対人関係のなかで，自分を素直に表現することによって，今度は逆に相手が言うことに耳を傾けることが可能になります。それによって互いの理解が必ず得られます。

　次に，いま仮の話として食卓をはさんで兄（小5）と妹（小2）がいてテーブルの上に1個のりんごがあるとします。

　この1個のりんごの分配について，いろんな分配方法をまず挙げてみてください。互いに満足のいく究極の方法を見つけましょう！

　考えられる方法：①どちらか一方が取る。一人勝ちの解決法ですが，片方に必ず不満が出ます。②2人ともりんごを獲得するのを諦める。これは撤退の解決法ですが，2人とも諦めきれず不満が残ります。③次に兄は年上で身体も大きいから3，妹は2で3：2に分ける。また，妹は，逆に年下で可愛いことから3，兄は妹に譲って2，3：2で妥協する。この解決法は，折衷的な解決で満足の程度は，70％ほどです。④最後は，台所にいる母親に言って冷蔵庫にあるりんごをもう1つ出してもらう。このやり方は，2人がともに丸1個を自分のものにできることから100％満足のいく解決法です。

　一人勝ちでもなく，撤退でもなく，妥協でもないまったく別の発想による解

決法で，それまでの3つの解決を超えたいわば第三の世界，超越の世界があります。

　私たちは，日頃の職場や家庭生活の中で，2人が相譲ることができない場面に遭遇したときに，両者を満足させる超越の世界を求めると面倒なことは起こらないと言えるでしょう。前述のとおり，良好な二者の関係は，自分を表現し，相手を尊重し耳を傾けることから成り立ちますが，独り占めや，一方だけが満足するのではなく，第三の道である超越の世界を探ることによって明るい展望が開けます。日頃の生活の中では発想の転換を図り，互いを尊重することで，より満足した，実りある関係が得られるものと確信します。

　困ったことが生じたときには，カウンセリングルームが皆様をサポートいたします。お気軽にお越しください。　　　　　　　　　　　　（2008年10月）

参考文献

井上孝代（編著）（2005）．コンフリクト転換のカウンセリング　川島書店

1-2　嫌な人との上手なつきあい方

　職場では，つきあって楽しい人もいれば，ためになる人もいる。またなかには感心する人もいる。一方その逆に，自身にとって好ましくない人，嫌なやつや害を与える人もいる。温かさがある家庭や家族と違って，いろいろな人がいるのが職場である。

　そこで，今回は好ましくない人，嫌な人が職場にいるときに，どうつきあえばよいかを考えてみる。まず，自身の感度を鈍くすると相手に対しての感じ方が弱くなる。私たちは，同じ目線で相手を見ると，むかつくことがよくある。そういうときは，裏から見る，また斜めから，遠くから眺めるのもよいかもしれません。また，階段にたとえて同じ階ではなく一段上か，一段下から相手を見るのも懸命な方法である。むしろ，いろいろな人がいるのをプラスに，肯定的に捉えるのはどうであろうか。すなわち，ポジテイブに見ると人間関係の面白さに出会う。観察する人（オブザーバー）としての見方もよい方法である。とは言え，仕事のうえでは相手は上司であったり，避けることのできない人であることが多い。物理的な交わりを少なくするのも混乱を避けるには大事であるが，そうとばか

りは言ってはいられない。

　先ほどの嫌な人は，案外鈍感な人なので，こちらが相手に合わせて鈍感さを
もち続けて振る舞うと，こちらも嫌な人間に仲間入りしてしまう。要は，鋭す
ぎても大変，逆に嫌な人と出会うときには鈍感も必要。普段は中ぐらいの感度
で過ごすことができればと思う。

　4月から新しい仕事に取り組んだ人，また新たにリフレッシュして難度が高
い仕事に関わりをもった方，異動した方々，そろそろストレスが溜まる時期で
もあります。多くの調査結果から明らかなように，働く人たちのストレスの原
因の第1位に人間関係が挙げられている（ちなみに第2位，第3位は，仕事の
量と質の問題）。

　これからは，たまには鈍感さをもって馬耳東風のごとき右から左に聞き流す
術を発揮して，嫌な人間がいることも視野に入れ，自身が人間関係で上手なつ
きあいをする人（人間関係の達人）に少しでも近づくことがお勧めです。そう
することによって職場がいきいきと過ごしやすくなるかと思います。その結果，
仕事の充実度，生活の充実度もアップすると確信します。ぜひ，上手なつきあ
い方を頭の片隅において過ごしてみてください。

　さらに，リラクセーション法を体得しているとストレス回避の武器になるの
で，リラクセーションを積極的に活用することがお勧めです（こちらは少し練
習が必要になります）。

　繰り返しますが，嫌な人とのつきあいは，往々にして限られた見方，固定的
な見方で相手に接するのをやめればなんとかなるかもしれません。ただ，限ら
れた見方，固定的な見方に反省を加えることによって，人と人とのかかわりを
少しでも拡げることで，人生の豊かさを味わうことができるのは間違いなしで
す。それがメンタルヘルスを保つことにつながり，疾病を予防することになり
ます。

（2015年7月）

1-3　出会い，そして次に向かって！

　3月も無事終わり，希望に満ちた新年度，4月は出会いの時節です。ただ初
対面の時，あるいは関係が深まっても，自身の胸の内を明かさない，なかには

苦手な人がいます。新しい世界を切り拓くにはできる限り自分を開示することによって，相手との距離が縮まることは確かです。

　自己開示（self disclosure）をすると相手も返報することは研究成果でも裏づけられています。そこで，自身の内面的なこと，ファッションや髪型などの外面的なこと，また，趣味，スポーツ，家族や友人などのことでも構いませんが，自分をできるだけ表す，そうすると相手も同じだけ自身を出してくることにより，両者のかかわりは拡がりを見せます。自分を表現するには自分の考えや思い，気持ちを相手に伝えることは大事ですが，一方的に自己表現をすると相互の理解は深まりません。相手の考えや思い，それに気持ちを十分理解しながらの自己開示が，真の理解につながります。

　松尾・森下（2013），徐・森下（2016）の研究では，職場のストレスの第 1 位は人間関係が挙げられています。そこで，人とのコミュニケーションにつまずきを感じていらっしゃる方には，カウンセリングにお越しになることをお勧めします。よい人間関係は，仕事をするにあたって，必ずプラスに働きます。

（2017 年 4 月）

参考文献

松尾哲朗・森下高治（2013）．現代の労働価値観，“働くこと”を再考する―ストレス反応，ライフエンゲイジメントとの関わりから―　日本応用心理学会第 80 回大会（日本体育大学）論文集，50.

徐　贇君・森下高治（2016）．男女共同社会における地方自治体職員の職業性ストレスに関する研究　日本応用心理学会第 83 回大会（札幌市立大学）論文集，39.

２．心身の関係，リラクセーションの問題について

　人は，緊張状態の中で悩みを抱える。身体と心は連動するが，日常生活の中でリラクセーションを大事にし，ストレス事態を自然な状態で乗り越えることができる。

2-1　ストレス対策は３つのＲと，１つのＬで

　４月を迎え，この時期は生活上の新たな出来事もあり，スタートを切る月で

もあります。職場では異動があったり，新人も含め新しいメンバーの加入で気持ちを新たに仕事に精励されていることと思います。

さて，カウンセリングルームで扱う相談の内容は健康面の相談，仕事の相談（上司や同僚との人間関係も含む），夫婦関係・親子問題・教育問題などの家族のこと，生き方，将来のことなどのが寄せられています。なかでもメンタルヘルスに関連する相談は，仕事も含め 8 割強と多いのが特徴です。

心理学の世界では，外部（環境）の刺激を受けることによって人には緊張が走り，それがひずみとして表れる場合があります。これをストレスと捉えます。アメリカのストレスの研究者であるホームズらは，生活上で重大かつ多くの出来事に遭遇したときにその年，あるいは翌年に疾患に陥る場合があるとした出来事尺度を開発しました。ここでは，その出来事に焦点を当てて話を進めます。出来事あるいは事態が自分にとって大変なものと思う人と，逆にそれらは大したものではないと思う人とではずいぶん違うことが言われています。

そこで，緊張を感じたときや困難な出来事にぶつかったりしたときの対処，取り組み法についてわかりやすく説明することにします。

①まず 1 つ目は休養（rest）を取ること。疲れが出ると心身に影響が出ます。早目の休息こそ大事ですが，<u>ここ 1 週間，いつもの自分と違うなと感じるならばカウンセリングルームあるいは健康管理室にお越しください。</u>

②2 つ目は，くつろぎのとき，すなわちリラクセーション（relaxation）をもつこと。仕事と並んで趣味やスポーツ，自分にとって大事なことをする。仕事とは違う別の柱をもつことによって充実したワークライフの実現が可能です。

③3 つ目は，ありのままの自分（real self）でよいこと。いつの時もよそ行きの自分で仕事をしたり，人と接すると疲れます。よそ行きは，3 日ももちません。自然な，ありのままの自分で十分です。

④4 つ目は，論理的に対処すること。すなわち，論理的思考（logical thinking）で臨むこと。物事には，冷静柔軟に取り組むみ，情報を集め，論理的に考えることがストレスを抱え込まないことに通じます。

以上，3 つの R と 1 つの L でストレスにぶつかり合った時にはスルリ（3RL）と乗り切ろうではありませんか！　　　　　　　　　　（2007 年 4 月）

2-2　人と人とのかかわり，くつろぎのひと時の体感へのお誘い

　今日の社会では人と人とのかかわり，つながりが希薄になりつつあると言われています。そういうときだからこそ，人と人とのあらゆるつながりの機会を大事にしてみてはと思います。

　皆さんがお勤めの会社でも，皆さんが暮らす地域でも，例えば学校時代に一緒に勉強した，あるいは遊んだ仲間とのつながり，あるいは趣味やスポーツを通してのつながりなど，いろいろなつながりを見つけることができます。アメリカのバーグマンらは人とのつながり（ネットワーク）が多い人と少ない人とを比べると，多い人ほど健康で長生きをすると発表しています。つながりは本当に大事で，その人の人生を豊かにする大きな要因です。

　日頃の会社での仕事，しっかり取り組みをされていても，それが過剰になることもあるかと思います。そうした折に適度にリラクセーション（くつろぎのひと時）をもつことにより，身体にもよい影響が出て，仕事がかえってはかどる場合があるのではないかと思います。ここでは，代表的なリラクセーション法を紹介いたします。

　①呼吸法：深呼吸でもって進めていきます。目を閉じて大きくたくさん息を
　　吸って，細く長くゆっくり吐く。２～３回しますと落ち着いた気分になり
　　ます。

　②筋弛緩法：椅子に座り，目を閉じて，(1)両手をぶらり下げたままで握りこ
　　ぶしの状態を作る，(2)深呼吸をしながら両手を脇を締めて肩の位置まで一
　　杯に上げる。(3)上げた状態からゆっくり力を抜き，握った状態を解いて両
　　手をぶらりと床面に向かって下げる。

これ以外に③ドイツのシュルツによる自律訓練法などのリラクセーション法があり，お勧めですが，こちらは少し練習が必要になります。

　人と人とのかかわり，つながりを少しでも拡げることで，人生の豊かさを味わえると同時に，日ごろの職場生活の中での仕事の取り組みに適度なリラクセーションを組み入れることにより，それがメンタルヘルスを保つことにつながり，疾病を未然に予防します。

（2013 年 10 月）

参考文献

Berkman, L. F.,& Syme, S. L. (1979). Social networks, host resistance, and mortality: A nine-year follow-up study of Alameda county residents. *American Journal of Epidemiology, 109*, 186-204.

3．生活の中での社会・心理的関係の問題

　ここでは視点を変えて，人生の過ごし方^{ライフ・スタイル}と生き方そのものについて取り上げる。

3-1　人生の過ごし方・ライフ・スタイルについて―その1　ゆとりを考える

　普段の生活の中で，皆さんはゆとりを感じることがありますか？　私たちとってゆとりとはなんでしょうか？　ゆとりがないときは，気持ちがイライラしたり，何か追われている感じがあるのではないでしょうか。

　筆者は，わが国で在職者を対象に，中国やタイにおいても現地在職者を対象にこのゆとりの研究を行い，興味ある結果をまとめました（2005，2007）。

　ここでは，そのうちの一部を紹介します。結論として，人が豊かに暮らすのにゆとりの問題を抜きに考えることはできません。

　日本人のゆとり感は，時間的ゆとり，経済的ゆとり，空間的ゆとり，精神的ゆとりをもってゆとりを見ているのです。すなわち，自由な時間をもっているという時間的余裕，暮らしに直結する経済的な余裕，部屋の広さといった空間的ゆとりといようにゆとりを使い分けています。特に，ゆとりを感じるのは時間に余裕があるときという結果です。

　ところが，中国の人たちは，日本人より経済的ゆとりがまず上げられ，次に時間と精神的ゆとりが一緒になって示されます。さらに，個人のスペースといった空間的ゆとりが見られました。日本人は4つ出てきたのに対して，中国は3つで，何よりも経済的ゆとりがゆとりの中心にあります。

　一方，タイの人たちは，2つでしたが，1つ目は，お金と空間と時間が1つにまとまったゆとり，2つ目には精神的ゆとりが見出されました。タイはご存

知のとおり仏教国です。これらは，男女とも同じ結果でしたが，国によって働く人たちのゆとり感が違うことがわかりました。2010 年以降の GDP[1)]，中国は日本を抜いて世界第 2 位にあります。

　これらの結果を見ると，働く人たちはそれぞれの文化，環境のなかで暮らしていることがよくわかります。年が改まってはや 1 月中旬過ぎ，私たちはいろいろなゆとり感をもち合わせていますが，自分に欠けているゆとり感を見つけ，この 1 年でその部分を少し工夫してみてはいかがでしょうか。特に，時間的ゆとりの問題は大事かと思います。

　なかなかゆとりが求められない方は，気軽に相談室にお越しください。

　ぜひこの 1 年，気持ちも晴れやかに公私とも充実の年にしていきたいものです。　　　　　　　　　　　　　　　　　　　　　　　　　　　（2010 年 1 月）

参考文献

Morishita, T.（2005）. A cross-cultural study on lifestyles among workers in Japan, Thailand, and China. 応用心理学研究, *30*（2）, 101–109.

3-2　人生の過ごし方・ライフ・スタイルについて
―その 2　新しい発見―いきいきライフを求めて

　秋本番，毎日仕事に精励されているなか，余暇の効用を取り上げます。ルームに来られる皆さんのなかに，趣味は，スポーツはとお尋ねすると返事がない方がいらっしゃいます。

　あなたはいかがですか？　自分にとって熱中するものがあると，それは仕事，労働との関係でどのように影響を及ぼすかを私の研究から見ていきます。

　人の仕事（働く）の活動は，生活を支えるためにも，またいきいき過ごすためにも重要な柱です。一方，仕事以外の活動は，例えば趣味やスポーツ活動，家族の団らん，友だちとの交流，文化活動，また地域活動やボランテイア活動があります。今，この柱を仕事，生活，社会という 3 つに分けて実際，どのようであるかを示したのが図 3 です。

---

1)　名目 GDP（国内総生産）は，2018 年はアメリカ合衆国が 205 億ドル，中国が 136 億ドル，日本は 50 億ドルで第 3 位にある。

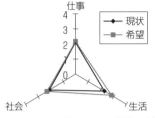

	仕事	生活	社会
現状	2.16	2.32	2.17
希望	2.23	2.88	2.36

現状：今の取り組みの状態
希望：もっとやってみたい程度

図 3-2-2-1　仕事・生活・社会活動充実型のライフ・スタイル

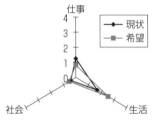

	仕事	生活	社会
現状	1.25	1.69	0.41
希望	0.82	2.53	0.53

現状：今の取り組みの状態
希望：もっとやってみたい程度

図 3-2-2-2　仕事・生活・社会活動消極型のライフ・スタイル

　これから，実際余暇活動をされている皆さんは，仕事に，生活に，社会活動に自分をうまく投じる姿がありますが，逆に余暇活動をしていない場合は，すべて低いレベルにあります。

　仕事に充実，余暇に充実，互いにプラスに流出できると生きる実感が高まります。メンタルヘルス問題は，積極的な相乗効果を生むライフ・スタイルをいかに創造するかです。ワークバランスを考えて，さあ余暇の事始め，ウォーキングも含めてどんなことからでも始めましょう。

　図の通り，余暇活動を行うことにより仕事にもよい影響がみられ，他方これら活動はストレスを弱める働きがあることから私たちにとって今まで以上に余暇の活動は大切にしなければならないと言えます。　　　　　　（2007 年 10 月）

参考文献

森下高治（1990）．勤労者のライフ・スタイル研究⑴　流通科学大学論集　流通・経営編，*2*(2)，27-53．

森下高治（2004）．特集ワーク／ライフ・バランス　余暇を楽しもう！―その効用―　研修のひろば，*105*，8-9．東京都特別区職員研修所

Morishita, T.（2005）. A cross-cultural study on lifestyles among workers in Japan, Thailand, and China. 応用心理学研究，*30*(2)，101-109.

3-3　生き方について―その1　いきいきライフを目指して

　一年のなかで最もよい季節を迎えています。仕事に，スポーツに，友だちとの語らいに，アウトドア，読書にご自分を投じる時期でもあります。

　しかし，あなた自身や職場の同僚の方々，家族の皆さんで毎日がとても気が重い，沈みがち，仕事がうまくいかない，新聞など活字に目を通すのがおっくうである，眠れないなど，ここ1週間でいつもの自分とちょっと違うと感じたら，カウンセリングルームにお気軽にお越しください。ルームは，誰もが気楽に行くことができるところ，安心してご相談ができるところです。

　ここに，1983年のロス・アンジェルスオリンピックでのマラソンランナーの増田明美さんの話を取り上げます。マラソンでメダルの期待が大であった彼女は，メダルを取ることが第一で走りましたが，途中でリタイアし，結局取れずに終わりました。帰国後，ずっと落ち込んでいましたが，その後オレゴン大学のコーチから留学の話が舞い込み，行くことを決心し，その留学中に「走ることの大切さ」「楽しく走ること」を教わりました。われわれは，メダルのために走るのではなく，走ること，しかも楽しく走ることで自分自身，いや人間本来の姿が取り戻せると言うのです。これを仕事の話と関連させますと，まず人がいてその上に仕事がある。逆に，仕事の上に人が乗っかっているならば，もし仕事につまずくとその人もひっくり返ります。これは絶対避けたいものです。
　　　　　　　　　　　　　　　　　　　　　　　　　　　　（2006年10月）

3-4　生き方について―その2　基本を大切にしながら，よりよく生きる！

　日頃の職場生活で，仕事を進めていくには仕事をするモードに入っていなければ仕事はできません。「することモード」は前に進むことができます。これを英語で表すと〈doing mode〉と呼びます。例えば，食事をするとき，ご飯を食べながら新聞も見る。どちらも「する」というモードに自身がいますので確かに前に進みますが，これではどちらも中途半端になります。

　そこで，1ヵ月，2ヵ月「することモード」に入ったまま突っ走っていきますと壁にぶつかることがよくあります。例えば，看護師の人たちが，燃え尽き

113

ることはよくあることです。私が行った在職者を対象とした研究で興味のある
結果が出ています。人はいかに「ゆとり」をもつかの国際比較をしたところ，
日本人は，男女ともゆとりは時間的ゆとり，経済的ゆとり，空間的ゆとり，精
神的ゆとりときれいに分かれて捉えています。このうち多くの人は，「ゆとり
とは？」と聞かれると，「時間的ゆとり」を思い浮かべます。

　中国の人たちは，「経済的ゆとり」がゆとりであると答える人たちが多いこ
とが見出されました。タイの人たちは，お国柄，ゆとりは「精神的なゆとり」
が中心でした。

　前述の仕事をする，新聞を見るモードで時間を考えると，追っかけられる状
態で前に進みますが，人は休日には休日にふさわしい楽しみをする，また，
時々「することモード」から「あることモード」，すなわち〈being mode〉に
スイッチを切り替える，それによって「間を取る」ことができます。そうする
ことによって本来の「することモード」がうまく働きます。より豊かな生活の
実現のために心の健康維持のために，積極的にカウンセリングルームを利用さ
れてはと思います。　　　　　　　　　　　　　　　　　　　　（2012 年 11 月）

3-5　生き方について―その 3　なんとかなるさで，次に向かって！

　4月を迎え躍動の季節，構内では新人の皆さんを見かけます。3年後，5年
後にも今の気持ちを持ち続け仕事を通して社会に大いに貢献していただきたい
と思います。

　何事もスタートが肝心かと思います。ここで人の生涯，人生について触れて
みます。後述（118 ページ）でも触れているように鴨長明は『方丈記』の中で
人生を河になぞらえ，人間とはその「よどみに浮かぶうたかた」のようなもの
だと書きました。人ひとり育つこと，生き抜くことの複雑さを考えれば人生は
奇跡のようにも見えますが，ただ「うたかた」と言い流すには誰もがためらい
を感じます。

　人の歩む道は，瑣事に満ち満ちています。悩む日々を何とかやり過ごそうと
していろいろなことを試みようとします。仕事を通しての，あるいは遊びを通
しての試みは，必ずや次のステップにつながります。私たちの日々の努力の積

み重ねの活動は，人生そのものであると言えます。誰もが仕事でストレスを抱えるのはごくごく普通のことです。

ミネソタ大学のハンセン（S. L. Hansen）は 統合的生涯設計[2]（integrative life planning, 1997）を提案，筆者が参加した 1999 年の国際カウンセリングセミナー（Minnesota International Counseling Institute）で，仕事を生活全体の中で考える大事さを取り上げました。新人の方はもちろんのこと，第一線で活躍の皆さまにとっても，そのことによって充実した職業生活が得られ，また社会生活が実現できると言われています。それでも大きな問題にぶち当たることも多々あるかと思います。以前，私は宇宙飛行士の山崎直子さんと対談しましたが，その時に山崎さんは「何とかなるさ」[3]で絶えずチャレンジをすると話されました。この「何とかなるさ」は，問題を抱え込んだ人たちには，大事な捉え方です。もし，課題，問題が大きくなる前に一度ルームにお越しくださると自らの健康を守ることにつながります，ここでのあなたの生き方が今後の活躍に通じます。

（2018 年 4 月）

3-6　生き方について―その4　これからの在職者の労働と非労働の問題

昨今，働き方改革が大きく取り上げられていますが，雇用，労働環境がこの 10 年で急激に変化するなか，わが国の労働力が産業構造上の新たなる再編の動きと連動して労働力不足を補うために，女性のさらなる雇用の創出，また 60 歳以降，さらに 65 歳以降の働く人たちへの雇用の拡大に取り組む必要が生じています。

ここでは，在職の人たちの調査から，生活の中で仕事と仕事以外の活動をどのような割り振りで過ごすかを考えてみることにします。

仕事以外の領域は，趣味，スポーツ，友だちとのつきあいなどの余暇の領域，ボランティアや町内会など地域社会の活動，家庭でのだんらんなどの家族の領域，信仰などの宗教的な活動が考えられますが，過去にはわが国をも含む国際比較研究（働くことの意味に関する研究）としてアメリカのミシガン大学のカ

---

2 ） Hansen, S. L. (1997). *Integrative life planning*. San Francisco, CA: Jossey-Bass.
3 ） 山崎直子（2010）．何とかなるさ！　サンマーク出版

ーン教授が，以下のような調査を在職者に実施致しました。

　　＃１．次にあげる５つの生活領域は，現在，あなたの生活のなかでどの
　くらい重要かどうか？（合計が 100 点になるように配点を求める）

　　ａ．レジャー（趣味，スポーツ，友だちとのつきあい）＿＿＿点　ｂ．地
域社会（町内会・自治会の活動，ボランテイアなど）＿＿＿点　ｃ．仕事
＿＿＿点　ｄ．宗教（信仰など）＿＿＿点　ｅ．家族（家族とのだんらんな
ど）＿＿＿点　計 100 点

　研究結果として，わが国の働く人たちの仕事の領域は，全体を 100 とした場
合，40 点前後ですが，中にきわめて高い得点を示される方，逆にレジャーの
領域がかなり高得点の方が見られます（参考までにアメリカやイギリスは仕事
の領域は 25 点前後）。このような場合，ワーク・ライフ・バランスを考えての
生活の見直しが必要になってきます。実は，仕事とどう自分は向き合うか，働
くことは生活全体の中で自分にとってどれほど有意義で重要なことか？　広い
意味の生き方に直結するキャリアに関わる問題は誰もがもっている問題です。
職場のこと，仕事のこと，心身も含む健康のこと，家族のこと，対人関係，近
隣の問題など，また，生き方も含むご相談もカウンセリングでお受けしていま
す。悩みが長期化する前にお越しいただくことが解決を早めることになります。

　仕事とどう向き合うか，働くことは生活全体の中で自分にとってどれほど有
意義で重要なことか？　このライフ・スタイルの問題は，家庭に焦点を当てる
とワーク・ファミリー・コンフリクト（仕事と家事の葛藤）をはらんでおり，
当人のキャリア途上の生涯の節目，節目で自ら置かれている立場のうえで，極
端な偏りにシフトせずにバランスを取って労働，非労働の世界で生きがい，や
りがいを求めて歩み続けることが大事となります。

（2019 年，未掲載エッセイ）

参考文献
三隅二不二（編著）（1987）．働くことの意味　Meaning of Working Life: MOW の国際
　比較研究　有斐閣

3-7　生き方について─その 5　　動物 - 人間 - 労働─くらしとの接点

　自己実現と安寧を目指す働く人たちへのカウンセラーとしての援助活動を続けて，約 30 年になるが，ルームの歴史とともに私のこれまでの発達のあゆみがある。

　日頃，1 対 1 のカウンセリング（相談にみえる方と援助側のカウンセラー）を通して，人間の，限りない，複雑なこころと接し，人間行動の理解に努めているが，一方では，調査を通して，グループを単位とした人間行動から個人の行動を明らかにすることに力を注いでいる。

　そこで，今回は人間の行動を理解するのに動物の日頃の様子から何か学ぶべきことはないかにスポットを当ててみよう。題して，犬猫物語である。

　わが家には，2 年前まで捨てねこ上がりの牡猫がいた。その猫は 9 歳で若くして死んだ。それから，1 年半がたった今年の大型連休前に牡の子猫がやってきた。その生後 1 ヵ月半の子猫のことはおいておき，今回は，2 年前の猫の話である。

　自由気ままに生きる猫　　筆者はもともと動物であれば，犬が好きである。犬は，猫とは大違いで，言われているように，忠犬ハチ公の通り飼い主に忠実であり，率直に喜び，悲しみを全身で表す。一方，家族であるが，妻は大の猫好き，また，2 人の子どもも幼い頃からの妻の影響もあって大の猫派である。

　実は，その猫の名前は，「りょうま」と呼ぶ。名前は，かの有名な坂本龍馬に由来する。このとおり，人格にあたる猫格は尊重されているようだ。また，牡猫であるかもしれないが，妻には抱いてほしいとのしぐさをよく見せた。自分が求める時に希望がかなえられると，顔は実に満足そうでよい表情をしている。逆に，こちら（人間）が思うようには動いてくれない。

　次に，一日の生活を見てみると，以下のようにいろいろなことがわかってきた。ねこ（寝子）と言われるごとく，なにしろ 1 日 15 時間以上本当によく寝る。寝る以外には散歩や用足しに，また気が向けば，部屋から思うままに外出，気ままに自由行動を楽しんでいる。時として，夜間活動もある。活動の視点からすると，猫はどう考えても，怠惰な動物であると結論づけられる。

　働くことの根底にある原罪的な考え　　片や，人間の暮しぶり，生活を見て

みよう。会社勤めの人は，一部フレックスもあるものの，ほとんどの人が定時に自宅を出て，仕事を終えてのち夜に帰宅，食事をして明日に備え就寝をする。なかには，シフト制の勤務で夜を通して仕事をする場合もある。生きていくために，家庭を支えるために誠実に一生懸命に働く人間の姿がある。この点からすると，働かざるもの食うべからずと言うように，怠惰な生活を防ぐ手段として，働くことは贖罪や清めとしての性格をもつと，どうやらキリスト教の原罪的な考え方が働くことの根底にある。筆者は，カウンセリングのなかで在職者の職業生活のさまざまな姿に接する。特に，若年者から定年退職をした高年者まで成長・発達の節々で現実の人間がおりなす社会生活のさまざまな有様に出くわす。

　鎌倉時代に鴨長明は『方丈記』「ゆく河の流れ」の冒頭で，ゆく河の流れは絶えずして，しかも，もとの水にあらず。よどみに浮かぶうたかたは，かつ消え，かつ結びて，久しくとどまりたるためしなし，と書き著した。これは，人の生涯のはかなさ，哀れさを河の流れが止まっている淀みの水の泡にたとえ，人生の浮き沈みの有様をうまく表している。すなわち，生きていくことは大変なことであるが，もしうたかたという水の泡と言い流すにしては躊躇してしまう感じがする。まさに人の生涯，生きていくなかには，働くことができるのは人間，悩みをもつのも人間，そのようななかで，案外猫のように自由奔放に生きることが人間を危機的状況から救う場合がある。

　いくつもの有様を大切に育てる　　人間は，その生涯の中で実にいろいろなことがある。以前，眼の手術をして１年ほど大変だったことを思い浮かべる。目が見えるのが当り前，食べることが当り前，働くことが当り前と捉えることが当り前ではないことがよくわかった。すなわち，目が見え，働き，活動するところに生きる喜びが見出せた。

　それゆえに，働き，悩みをもつあるがままの自分の姿，素直に喜び，悲しみが味わえる姿，時には猫のように自然のまま（自由奔放）に生活する姿，そんなさまざまな姿の人間が自分のなかに存在する。50歳を過ぎた筆者にとって，これらいくつもの人間の有様に接することは，人が生きていくうえに一層重要で，まわりの人から支えられながら，あるときは一人の人間がもつさまざまな姿を学びとり，それらをうまく育てることが，これからの自分自身の大きな課

題であると思う。

参考文献

西川一廉・森下高治他／NIP 研究会（編）（1997）．21 世紀の産業心理学―人にやさしい社会をめざして―　福村出版

3-8　生き方について―その 6　動物と人間の関係

　わが家には，「もえぎ」という牡猫がいる。やって来たのが生後 1 ヵ月の 4 月末で，もえぎ色の春の時節，これから夏に向かって成長していくことを願って家内と娘が付けた名前である。

　筆者はもともと動物であれば犬が好きである。一方，妻は大の猫好きで愛情たっぷりで大事に猫を育てる。そのためか，性格は比較的悪くはない。しかし，猫本来の本能で家の中を本当に自由気ままに，天真爛漫に動いている。前の猫は，しょっちゅう外で野良猫とけんかをし，負傷がもとで病死したのに対して，このもえぎは庭に出るときはひも付きで出る。

　さて，猫の行動であるが，動物はよく相手を観察する。犬は，飼い主の顔を見ておおむね素直に動く。特に，訓練されている犬となると，従順，素直，協調的である。ここに，人間が求める「よい子」の一面がかいま見られる。かたや，猫は本来の子どもの姿がある。それは，叱られても，叱られても自らの行動を正さない。自由奔放な子どもの姿である。のびのびと振る舞い，好奇心旺盛，挑戦的で，自分勝手な面がある。ある面では，生きていくには，この図々しさ，どん欲さが必要かもしれない。だがこれも度が過ぎると，失笑を買うか，孤立してしまう。実はこのもえぎ，生後 2 ヵ月ほどの行動でおもしろい光景が見られた。家飼い（外へは勝手に行けない）による理由とまだ成猫に至っていない過程で，部屋の蛍光灯にぶら下がるひもをめがけて，思いっきりジャンプして引っ張る，そのためうまくいくと消すことになる。ある時は点けたり，消したりで，成就成功の感覚を味わっているようでもある。ここにも無邪気で，しかも果敢に挑戦する動物の姿がある。

　他方，寝そべる猫の姿があることも決して忘れてはならない。このように動物を逆に人間側から見ていくといろいろな姿と接することができる。

　最近，動物には癒しの効果があると言われている。犬にしても，猫にしても，他の動物にしても，それが家族の一員として位置づけられるのであれば，家庭の中で共通の話題がいつも存在する。失われつつある本来もつあたたかい愛情に包まれた家庭機能を回復するのにかなりよいものがある。

　そこで，現実の社会をどのように生きていくか，その時に問題になるのが人間（相手も含め自分自身）をどう捉えるかである。人間は本来怠惰で，怠け者か？　逆に，本来勤勉で善良か？　ここで，ふと孟子の性善説を思い浮かべる。当然，人間は生まれながらにして善を行うべき道徳的本性を有するが，もし悪人と捉えるとまったく自己がうかばれない。

　この二元論は，前述の犬，猫の問題と関連する。われわれヒトの生活は，猫的要素がすべてでは生活そのものが成り立たない。あるいは，犬的要素を基本にしても，それだけでは余りにもまともすぎて，幅がなく面白みがない。具体的には，一方だけに偏って忠犬ハチ公のような犬的存在としての人間になった場合，出社拒否や仕事からくるストレスで夜眠れない人，上司と顔を会わすのが毎日ゆううつな人，思うように交際ができない人など，時には，まわりや環境の中に自分自身を見失っているケースなどが生じてくる可能性がある。そんな場合，バランスをとる意味でも時として猫的要素が人間生活に必要になるのではあるまいか。これは，現代社会をうまく乗り切る大事なポイントである。

参考文献
CPI 研究会・島田　修・中尾　忍・森下高治（編）（2006）．産業心理臨床入門　ナカニシヤ出版

3-9　生き方について―その7　『少女ポリアンナ』を読む

よかった捜しは幸せを運ぶ　　カウンセリングルームには，落ち込んでしまった人，最近気分が塞いでいると言う人，自分は何の取りえもないと訴える人など，いろいろな人が来室される。

　前にも述べたように，生活のなかで人それぞれさまざまな出来事にあって現在の，そして今の自分がある。

　アメリカの心理学者ラザルスは，私たちに起こっているさまざまな出来事・

事態をどのように捉えるか（認知）で，人間の行動・状態が異なることを指摘している。具体的には，困難なことや緊張した状況に直面した時，人はその環境をどのように感じとるか，そしてどのように対処できるかが問題なのである。

　そこで今回は，全米でベストセラーとなった『少女パレアナ（ポリアンナ）』という一冊の本を見てみることにする。

　少女ポリアンナから学ぶ　実は昨春に名作劇場として BS テレビで再放映された『ポリアンナ物語』を観て，つねに前向きに生きていく少女の姿に感動したのと，ポリアンナという響きのよい名前に惹かれて原作本（エレナ・ポーター著　村岡花子訳　1962　少女パレアナ　角川文庫）を手に入れたものである。

　ポリアンナは幼い頃に母親を亡くし，牧師だった父親も 11 歳の時に亡くしてしまう。1 人ぽっちになってしまったポリアンナは，気難し屋の叔母ミス・パレーに引き取られることになり，パレーもしぶしぶそれを承知した。ある日，ポリアンナが叔母の住む町に列車で到着するという電報が届いた。それを読んだ気難し屋のパレーは顔をしかめて使用人に八つ当たりしたあげく，ポリアンナの出迎えも使用人の若い娘ナンシーと，庭師の息子ティモシーの 2 人に任せてしまった。

　2 人は駅でそばかすだらけの顔をした少女が，麦わら帽子の下からしきりに誰かを探しているのを見た。2 人にはそれがポリアンナだとすぐにわかったが，少女もまたそれが自分を迎えに来てくれたものとすぐに気づき，「ああ，うれしい。お目にかかれてうれしい，うれしくてたまりませんわ。あたしはポリアンナ。迎えに来て下さってうれしいわ」と言いながらナンシーに抱きついた。そして，「お会いしてみると，あなたがあなたなので，それがうれしいの，あなたはあなたどおりの方なのね」と言葉を続けた。

　3 人は馬車に乗り込みパレーの家に向かった。「まあ，素晴らしいわね。遠いんですの。遠いほうがいいわ。乗り物が大好きなの」と言うポリアンナに，ナンシーとティモシーが自己紹介すると，「パレー叔母さんという方は本当にいらっしゃるんでしょうね」と心配そうに訊ねた。そして少し黙った。でもすぐにまた叔母のパレーが迎えに来てくれなかったことに対して，「あたしね，叔母さんが迎えに来て下さらなかったのがうれしいの。だって，またこのあと

叔母さんと会う楽しみがあって，ナンシーとはもう会っているんですものね」と元気よく言つた。

この物語は，どんなことからでも喜びを捜し出すことをつねに心がけている少女ポリアンナのおかげで，気難し屋の叔母パレーもすっかり心を溶かし，やがてポリアンナの「よかった捜し遊び」は町全体に広がり，人々の心を明るくしていったという話である。

輝きのある人間を目指して　　ポリアンナは逆境・苦境にあっても自分の心の底から今あることに喜びを求め，また嬉しさを味わい，素晴らしさを創造することにより，未来志向の世界を広げようとしているのである。何の取りえもないと自己否定するとそこで止まってしまうが，自分にはどこかよいところがあり，別の新たな自分を発見することは，その人自身を肯定的かつ積極的にする。この「よかった捜し」は心理療法の世界に通じるものがある。特に，よかったことを見つけることは，自分は駄目であるというこだわった思い込みがなくなることを意味する。

例えば，1週間に1回，あるいは2，3日に1回よかったと思えることを捜し出し，見つけることができれば，今まで，相手との比較のうえで自分を否定的に捉えていたことや，取り組んでいる仕事で必要以上に自分には何のとりえもない（マイナス思考や過小評価）と思っていたのが，相手とあるいは仕事に前向きに，積極的にかかわることができ，自身が抱えている大きな問題と認知していることが，意外とちっぽけな出来事と見ることができるようになる。

カウンセリングの世界では，人の認知（捉え方）に焦点を当て，自身の捉え方の特徴を見つけ出し，さまざまな解決策を自身でしっかりと育む働きかけを行う場合がある。

人は感情・欲求・思考をもちあわせてはいるが，現代社会にあっては人間と機械（コンピューター）のどちらが主体であるのかが判らなくなる場合がある。そのときに人間の身体に流れているエネルギーからほとばしる豊かな感情をまずは取り戻すことが真の人間性回複につながる。別な言葉で言えば，豊かな感情に包まれるほど人間らしい暮らしができ，生き生きとした生活の実現が可能である。

もちろん，感情の振り幅は，ポリアンナが捜し求める喜びにだけではなく，

辛さや悲しみに対してもある。その辛さや悲しみを十分かみしめることも大事であるが，それ以上に多くの人にとって，喜び，よかったことをより一層大切にすることが，夢を膨らませることになる。そして想像が創造への挑戦の基礎にもなる。喜びの創造は，この 21 世紀の大きな課題でもあるからである。

（2001 年 1 月，2012 年 10 月，2019 年 5 月）

参考文献

エレナ・ポーター作　岡 信子（1979）．しあわせなポリアンナ　ポプラ社（原作：エレナ・ポーター著　村岡花子（訳）（1962）．少女パレアナ　角川文庫　角川書店）

文　　献

第Ⅰ部

Bell, D. (1973). *The coming of post-industrial society: A venture in social forecasting.* New York, NY: Basic Books.

Cooper, C. L., & Dewe, P. (2004). *Stress: A brief history* (1st ed.). Oxford, UK: Blackwell.（クーパー，C. L.・デューイ，P.　大塚泰正・岩崎健二・高橋　修・京谷美奈子・鈴木綾子（訳）(2006).　ストレスの心理学―その歴史的展望　北大路書房）

Cooper, C. L., & Marshall, J. (1976). Occupational sources of stress: A review of the literature relating to coronary heart disease and mental ill health. *Journal of Occupational Psychology, 49,* 11-28.

Dubin, R. (1956). Industrial workers' worlds: A study of the central life interests of industrial workers. *Social Problems, 3,* 131-142.

French, J. R. P., Jr., Rodgers, W. L., & Cobb, S. (1974). Adjustment as person-environment fit. In G. Coelho, D. Hamburg, & J. Adams (Eds.), *Coping and adaptation* (pp. 316-333). New York, NY: Basic Books.

Friedman, M., Rosenman, R. (1959). Association of specific overt behavior pattern with blood and cardiovascular findings. *Journal of the American Medical Association, 169,* 1286-1296.

Hansen, S. L. (1997). *Integrative life planning.* San Francisco, CA: Jossey-Bass.

Harrison, R. V. (1978). Person-environment fit and job stress. In C. L. Cooper & R. Payne (Eds.), *Stress at work.* New York: Wiley.

林　治子・唐澤真弓 (2009).　ワーク・ライフ・バランスに関する心理学的検討―肯定的／否定的スピルオーバーの概念を用いて―　東京女子大学紀要論集, *60*(1), 169-191.

Hurrell, J. J., Jr., & MacLaney, M. A. (1988). Exposure to job stress: A new psychometric instrument. *Scandinavian Journal of Work, Environment and Health, 14* (1), 27-28.

石田梅岩　城島明彦（現代語訳）(2016).　都鄙問答　致知出版社

岩崎健二 (2008).　長時間労働と健康問題　日本労働研究雑誌, *575,* 39-48.

Kahn, R. L. (1970). Some propositions towards a researchable conceptualization of stress. In J. W. McGrath (Ed.), *Social and psychological factors of stress* (pp. 97-104). New York: Holt, Rinehart, & Winston.

Kahn, R. L., Wolfe, D. M., Quinn, R. P., Snoek, J. D., & Rosenthal, R. A. (1964).

Organizational stress: Studies in role conflict and ambiguity. Oxford, UK: John Wiley.

神谷満雄（2001）．鈴木正三―現代に生きる勤勉の精神―　PHP 文庫　PHP 研究所

金井篤子（2004）．職場のストレスサポート　外島 裕・田中堅一郎（編）産業・組織エッセンシャルズ（増強改訂版, pp. 159-186）ナカニシヤ出版

Kanner, A. D., Coyne, J. C., Schaefer, C., & Lazarus, R. S. (1981). Comparison of two modes of stress measurement: Daily hassles and uplifts versus major life events. *Journal of Behavioral Medicine, 4*, 1-39.

Karasek, R. A. (1979). Job demands, job decision latitude, and mental strain: Implications for job redesign. *Administrative Science Quarterly, 24*, 285-311.

小杉正太郎・鈴木綾子・島津明人（2006）．Work Engagement に関する心理学的ストレス研究からの検討　産業ストレス研究, 13(4), 185-189.

Lazarus, R. S., & Folkman, S. (1984). *Stress, appraisal, and coping.* New York: McGraw-Hill.（ラザルス, R. S.・フォルクマン, S.　本明 寛・春木 豊・織田正美（監訳）(1991)．ストレスの心理学―認知的評価と対処の研究　実務教育出版）

Meissner, M. (1971). The long arm of the job: A study of work and leisure. *Industrial Relations, 10*, 239-260.

Mills, C. W. (1950). *White collar: The American middle class.* New York, NY: Oxford University Press.（ミルズ, C. D.　杉 政孝（訳）(1957)．ホワイト・カラー―中流階級の生活探求―　東京創元社）

三隅二不二（編著）(1987)．働くことの意味：Meaning of Working Life（MOW）の国際比較研究　有斐閣

光宮友恵・森下高治（2015）．ワーカホリズム，ワーク・エンゲイジメントから見る労働時間・労働状況　産業ストレス研究, 23(1), 81.

森下高治（2015）．職業行動に関する研究―これまでの取り組みと今後の課題―　帝塚山大学心理学部紀要, 4, 1-11.

森下高治・本岡寛子・秋田 香（共編著）(2016)．働く人たちのメンタルヘルス対策と実務―実践と応用―　ナカニシヤ出版

西川一廉・森下高治・北川睦彦・三戸秀樹・島田 修・田井中秀嗣・森田敬信・足立明久・田尾雅夫／NIP 研究会（編）(2001)．仕事とライフ・スタイルの心理学　福村出版

西川一廉・森下高治・北川睦彦・田井中秀嗣・三戸秀樹・島田 修・田尾雅夫・足立明久／NIP 研究会（編）(1990)．新しい産業心理―21 世紀のライフ・スタイルを求めて―　福村出版

西川一廉・田井中秀嗣・森下高治・三戸秀樹・田尾雅夫・北川睦彦・島田 修（1995）．現代ライフ・スタイル分析　信山社出版

沼 初枝（2014）．心理のための精神医学概論　ナカニシヤ出版

大森義明（2010）．ワーク・ライフ・バランス研究―経済学的な概念と課題（特集ワーク・ライフ・バランスの概念と現状）日本労働研究雑誌, 599, 10-19.

大竹文雄・奥平寛子（2008）．長時間労働の経済分析　*RIETI Discussion Paper,* Series, 08-J-019.

Parker, S.（1971）. *The future of work and leisure.* London: MacGibbon & Kee.（パーカー, S.　野沢　浩・高橋祐吉（訳）（1975）．労働と余暇　TBS 出版会）

Posner, B. Z., Randolph, W. A., & Wortman Jr., M. S.（1975）. A new ethic for work? The worth ethic. *Human Resource Management, 14*(3), 15-20.

Schaufeli, W. B., Salanova, M., González-Romá, V., & Bakker, A. B.（2002）. The measurement of engagement and burnout: A two sample confirmatory factor analytic approach. *Journal of Happiness Studies, 3,* 71-92.

Selye, H.（1936）. A syndrome by diverse nocuous agents. *Nature, 138,* 32.

Selye, H.（1956）. *The stress of life.* New York: McGraw-Hill.

島田　修・中尾　忍・森下高治／CPI 研究会（編）（2006）．産業心理臨床入門　ナカニシヤ出版

島津明人（2007）．ユトレヒト・ワーク・エンゲイジメント尺度日本語版（UWES-J）の信頼性・妥当性の検討　産業衛生学雑誌, *49,* 696.

橘木俊詔（2010）．特集 ワーク・ライフ・バランスの概念と現状―人はなぜ働くのか― 古今東西の思想から学ぶ　日本労働研究雑誌, *579*(6), 4-9.

田中宏二・渡辺三枝子（2008）．職業ストレス検査手引（Occupational Stress Inventory）　社団法人雇用問題研究会（原著者 Osipow, S. H., & Spokane, A. R.）

田中正敏（1987）．ストレス―そのとき脳は―　講談社

Wilensky, H. L.（1960）. Work, careers and social integration. *International Social Science Journal, 12,* 543-560.

山口智子（編）（2014）．働く人びとの心とケア　遠見書房

（財）パブリックヘルスリサーチセンター（2004）．ストレススケールガイドブック（pp. 250-255）　実務教育出版

労働・雇用問題に関連する各省庁，白書およびホームページや新聞掲載記事
　過労死裁判　判例
　電通過労自殺事件　最高裁判所平成 10 年　損害賠償請求事件
　　〈http://homepage1.nifty.com/rouben/saiban/000324dentsu.htm〉　2004/08/27
　26 歳関西医科大学研修医・急性心筋梗塞死事件控訴審判決
　　〈http://www.sakai.zaq.ne.jp/karoushiren/16-b50.htm〉　2006/03/19

　白書など
　中央労働災害防止協会（2001）．働く人の心の健康づくり―指針と解説―　中央労働災害防止協会
　独立行政法人日本労働政策研究・研修機構（JILPT）（2018）．データブック国際労働比較 2018
　独立行政法人 経済産業研究所（2008）．大竹文雄・奥平寛子 長時間労働の経済分

析 2008

〈http://www.rieti.go.jp/jp/publications/dp/11j030.pdf〉 2015/07/01

厚生労働省（2019）. 平成 30 年（2018）労働安全衛生調査

〈https://mhlw.go.jp/toukei/list/h30-46-50.html〉 2019/09/21

厚生労働省 平成 30 年度脳・心臓疾患, 精神疾患労災認定結果（2019 年, 令和元年 6 月 28 公表）

〈http://www.mhlw.go.jp/stf/newpage_05400,html〉 2019/07/10

厚生労働省 「外国人雇用状況」の届出状況まとめ（2019 年 1 月公表, 平成 30 年 10 月末現在）

〈https://www.mhlw.go.jp/stf/newpage_03337.html〉 2019/05/21

厚生労働省 過労死民事訴訟被災者側勝訴判例データベース :

〈http://www.sakai.zaq.ne.jp/karoushiren/〉 2015/07/01

〈http://www.mhlw.go.jp〉 2016/02/10

厚生労働省（2015）. 労働経済白書 平成 27 年版

厚生労働省（2015）. 労働安全衛生法に基づくストレスチェック 制度実施マニュアル

〈http://www.mhlw.go.jp/bunya/roudoukijun/anzeneisei12/pdf/150507-1.pdf〉 2015/12/8

厚生労働省 「非正規雇用」の現状と課題（2015）.

〈http://www.mhlw.go.jp/seisakunitsuite/bunya/koyou_roudou/part_haken/genjou/〉 2015/12/8

厚生労働省 労働時間・休日に関する主な制度（2015）.

〈http://www.mhlw.go.jp/stf/seisakunitsuite/bunya/koyou_roudou/roudoukijun/roudouzikan/ndex.html〉 2015/12/8

厚生労働省（2013）. 平成 24 年（2012 年）「労働安全衛生調査（労働者健康状況調査）」

〈https://mhlw.go.jp/toukei/list/dl/h24-46-50.html〉 2015/12/8

厚生労働省（2012）. 平成 25 年労働者健康状況調査（2013）

〈https://mhlw.go.jp/toukei/list/h25-46-50.html〉 2015/12/08

文部科学省中央教育審議会 教員の働き方改革 長時間労働

〈http://www.mext.go.jo/b_menu/shingi/chukyo/chukyo0/〉 2019/05/21

総務省統計局 労働力調査（基本集計）平成 30 年（2018 年）平均（速報）（2019 年, 平成 31 年 2 月 1 日, 同 2 月 15 日公表）

〈https://www.stat.go.jp/data/roudou/sokuho/nen/ft/index.html〉 2019/02/10

総務省統計局 労働力調査（詳細集計）平成 30 年（2018 年）平均（速報）（2019 年, 平成 31 年 2 月 15 日公表）

〈https://www.stat.go.jp/data/roudou/sokuhou/nen/dt/pdf/index1.pdf〉 2019/05/21

総務省統計局 労働力調査（長期時系列データ）

〈http://www.stat.go.jp/data/roudou/longtime/03roudou.htm〉　2019/05/21

総務省統計局　1999 年労働力調査結果　年齢階級，産業別就業者数

　　〈https://www.e-stat.go.jp/stat-search/file〉　2019/05/21

新聞記事

朝日新聞デジタル　2019.5.29

　　厚労省雇用政策研究会　就業者の長期推計結果を含めた」報告書　2019.5.15 公
　　表から　「働く高齢者・女性増えないと労働人口 2 割減　厚労省推計」

朝日新聞　2019.3.24

　　外国人労働者　受け入れ拡大　改正入管法 4 月 1 日施行に関する報道記事

朝日新聞　2018.9.27

　　三菱電機の長時間労働，裁量労働に関する報道記事

朝日新聞　2018.3.4

　　裁量労働，社員が過労自殺　野村不動産の 50 代の男性社員に関する報道記事

朝日新聞　2017.10.5

　　NHK 記者　過労死─残業月 159 時間　労災認定　佐戸未和さん（当時 31 歳）に
　　関する報道記事

朝日新聞　2017.1.30

　　電通改革　問われる実効性─過労自殺の再発防止策─遺族と会社との合意による
　　報道記事

朝日新聞　2017.1.21

　　電通新入社員　高橋まつりさん　過労自死による報道記事

朝日新聞　2016.12.25

　　仕事のために命を落とさないで　電通過労自殺　高橋まつりさんの母幸美さんが
　　手記　報道記事

朝日新聞　2016.11.7,11.8

　　電通本支社を長時間労働の疑いで強制捜査に関する報道記事

日本経済新聞　2019.5.29

　　厚労省雇用政策研究会　就業者の長期推計結果を含めた報告書　2019.5.15 公表
　　から　「就業者 2 割減の 5,245 万人，厚労省 40 年推計　低成長なら」

第Ⅱ部

Hansen, S. L. (1997). *Integrative life planning*. San Francisco, CA: Jossey-Bass.

平木典子（1993）.　アサーション・トレーニング─さわやかな（自己表現）のために
　　─　日本・精神技術研究所

平木典子（編）（2005）.　アサーション・トレーニング　現代のエスプリ 450　至文堂

伊藤絵美（2005）.　認知療法・認知行動療法カウンセリング　CBT カウンセリング
　　初級ワークショップ　星和書店

井上孝代（編）（2005）.　コンフリクト転換のカウンセリング─対人的問題解決の基礎

　　　― 川島書店

Mearns, D., & Thorne, B. (1988). *Person-centered counseling in action.* Thousand
　　　Oaks, CA: Sage. (ミアーンズ, D.・ソーン, B.　伊藤義美 (訳) (2000). パーソン
　　　センタード・カウンセリング　ナカニシヤ出版)

村山正治 (編) (2003). ロジャース学派の現在　現代のエスプリ別冊　至文堂

中村美奈子 (2013). 職業的アイデンティティ再構築を支援目標とした復職支援　心
　　　理臨床学研究, *31* (5), 821-832.

中村美奈子 (2015). 就労向上能力を目指す若年長期休職者への復職支援　心理臨床
　　　学研究, *32* (6), 694-704.

中村美奈子 (2016). パニック障害による休職者への復帰支援― Bio-Psycho-
　　　Social-Vocational の視点による休職者の社会性と労使の関係性回復への支援―
　　　日本心理臨床学会第 35 回大会 (国際医療福祉大学) 発表論文集, 164.

中村美奈子 (2019). 復職支援で心理的課題を扱うこと―依存症にまつわるうつ病で
　　　休職した事例から―　日本心理臨床学会第 38 回大会 (日本心理臨床学会理事会
　　　主催) 発表論文集, 119.

西川一廉・森下高治・北川睦彦・三戸秀樹・島田 修・田井中秀嗣・森田敬信・田尾
　　　雅夫・足立明久／NIP 研究会 (編) (2001). 仕事とライフ・スタイルの心理学
　　　福村出版

岡堂哲雄 (監修) (2002). 心理カウンセリング PCA ハンドブック　現代のエスプリ
　　　別冊　至文堂

大須賀発蔵 (2003). ロジャースと東洋の知恵　村山正治 (編) ロジャース派の現在
　　　現代のエスプリ別冊　至文堂

Parker, S. (1971). *The future of work and leisure.* London: McGibbon & Kee. (パーカ
　　　ー, S.　野沢 浩・高橋祐吉 (訳) (1975). 労働と余暇　TBS 出版会)

島田 修・森下高治・中尾 忍／CPI 研究会 (編) (2006). 産業心理臨床入門　ナカニ
　　　シヤ出版

心理検査一覧

　日本健康心理学研究所 (1996). ラザラス式ストレスコーピングインベントリー
　　　(SCI)　実務教育出版

　東京大学医学部心療内科 TEG 研究会 (編) (2006). 新版 TEG Ⅱ No. 822　実施マ
　　　ニュアル　金子書房

　Zung, W. W. K. (1965). *Self-rating Depression Scale.* (福田和彦・小林重雄 (構成)
　　　(1983). 日本版 SDS)　三京房

第Ⅲ部

Berkman, L. F., & Syme, S. L. (1979). Social networks, host resistance, and mortality:
　　　A nine-year follow-up study of Alameda county residents. *American Journal of
　　　Epidemiology, 109,* 186-204.

Hansen, S. L. (1997). *Integrative life planning.* San Francisco, CA: Jossey-Bass.

伊藤絵美（2005）．認知療法・認知行動療法カウンセリング　CBT カウンセリング　初級　ワークショップ　星和書店

井上孝代（編）（2005）．コンフリクト転換のカウンセリング―対人的問題解決の基礎―　川島書店

厚生労働省（2015）．労働経済白書 平成 27 年版　厚生労働省

松尾哲朗・森下高治（2013）．現代の労働価値観，"働くこと"を再考する―ストレス反応，ライフエンゲイジメントとの関わりから―　日本応用心理学会第 80 回大会（日本体育大学）論文集, 50.

三隅二不二（編）（1987）．働くことの意味 Meaning of Working Life（MOW）の国際比較研究　有斐閣

森下高治（2015）．職業行動に関する研究―これまでの取り組みと今後の課題―　帝塚山大学心理部紀要, *4*, 1-11.

Morishita, T. (2005). A cross-cultural study on lifestyles among workers in Japan, Thailand, and China　応用心理学研究, *30*(2), 101-109.　日本応用心理学会

森下高治（2004）．特集ワーク／ライフ・バランス　余暇を楽しもう！―その効用―　研修のひろば, *105*, 8-9.　東京都特別区職員研修所

森下高治（1990）．勤労者のライフ・スタイル研究(1)　流通科学大学論集　流通・経営編, *2*(2), 27-53.

西川一廉・森下高治・北川睦彦・三戸秀樹・島田 修・田井中秀嗣・森田敬信・田尾雅夫・足立明久／NIP 研究会（編）（2001）．仕事とライフ・スタイルの心理学　福村出版

西川一廉・森下高治・田井中秀嗣・森田敬信・北川睦彦・三戸秀樹・島田 修・田尾雅夫・足立明久／NIP 研究会（編）（1997）．21 世紀の産業心理学―人にやさしい社会を目指して―　福村出版

Porter, E. H. (1913). *Pollyanna.* （ポーター, E. H.　岡 信子（文）（1979）．しあわせなポリアンナ　原作本（エレナ・ポーター　村岡花子（訳）（1962）．少女パレアナ　角川文庫版）ポプラ社）

島田 修・中尾 忍・森下高治／CPI 研究会（編）（2006）．産業心理臨床入門　ナカニシヤ出版

島津明人（2007）．ユトレヒト・ワーク・エンゲイジメント尺度日本語版（UWES-J）の信頼性・妥当性の検討　産業衛生学雑誌, *49*, 696.

徐 賛君・森下高治（2016）．男女共同社会における地方自治体職員の職業性ストレスに関する研究　日本応用心理学会第 83 回大会（札幌市立大学）論文集, 39.

山崎直子（2010）．何とかなるさ！　サンマーク出版

索　引

人名・団体名

事項索引

あとがき

　2019 年 12 月 15 日に（公財）日本臨床心理士資格認定協会の「令和元年度
心の健康・文化フォーラム」の研修会が京都国際会館において開催された。尾
池和夫氏（京都造形芸術大学学長・元京都大学総長）の「日本列島の自然と変
動帯の文化」の基調講演のあと，午後から「子どもが豊かに生きるレジリエン
ト・シティと心理臨床」のテーマで藤田裕之氏（レジリエント・シティ京都市
統括監・元京都市副市長）の基調提案があった。

　長年，働く人たちの職業行動の問題を扱ってきた筆者は，藤田氏の提案の
「心のレジリエンスが育つ環境」を「働く人たちが豊かに生きるレジリエンス
が育つ組織・環境」に置き換えてみた。

　2015 年 9 月に国連サミットで，2030 年までの世界の開発目標として SDGs
（エスディージーズ；Sustainable Development Goals；持続可能な開発目標）
が採択された。貧困，飢餓，気候変動，エネルギー問題，すべての人に健康と
福祉などの 17 目標が示された。心理臨床の世界もすべての人たちが幸せにな
るためのものである。この不透明な現代社会にあっては，レジリエンスが育つ
環境が重要となる。

　レジリエンスとは，もともと物体がもとに戻る力のことを言う。これには単
にバネがもとに戻るだけでなく，例えばラグビーボールのように跳ね返りでい
ろんな方向に向かっていくものもある。人間社会において，レジリエンスが育
つ環境が，今求められている。

　働く人たちの環境については，米中の関税を巡る貿易交渉や英国の EU 離脱
問題，また，日韓の貿易管理の問題，アジアとヨーロッパの新興国の中には国
内紛争や地政学的リスクも孕んでいる。グローバル化が進むなか，これらはす
べてわが国の企業の海外での生産シフトにも影響がある。マクロの視点からは，
雇用・労働の世界が新しい時代を迎えていると言える。

　産業現場では経済成長は欠かすことができないが，そこに働く人たちにとっ

て職業生活では働きがいが重要となる。今日，働き方改革が推進されるなか，私たちにとって持続可能な未来を志向するレジリエンスのある社会に向けてはエスデイージーズ（SDGs）との融合が不可欠となる。

　働く人たちにとって，育みたい大きなものは，何事にも折れない心，頑強さを持つことである。その中身は１．変化に対する環境のもとでの適応力，２．逆境を耐える力，打たれ強さ，３．元気を回復する力を持つことである。

　また，実際，職場環境にあっては，上記３つの力ともう一方では，①協調・協力できる態度，②挑戦する意欲，③未来への希望を持つことが自己有用感につながる。本書には，組織の中で在職者とかかわりがある人事，労務部門の方々，臨床心理士，公認心理師などの心理臨床家，産業保健スタッフの方々がすべての働く人たちに対して自己有用感が持てるよう支援することが責務であり，その礎となれば幸いであるとの思いを込めた。

　　　　　　　　　朝日に雲がたなびく交野の山なみを眺めて
　　　　　　　　　　　　　　　　　　　　2019 年 12 月 1 日
　　　　　　　　　　　　　　　　　　　　　　森下　高治

著者紹介

森下高治（もりした　たかはる）　1944 年生まれ。

略　歴

　関西学院大学文学部，同大学院文学研究科博士前期，後期課程（教育心理学専攻）を修了。文学博士（1981 年 11 月関西学院大学）。

　1973 年 4 月から 1 年日本学術振興会奨励研究員を経て相愛女子大学（のち相愛大学）教授，1989 年流通科学大学商学部教授，同大学院流通科学研究科前期・同後期博士課程担当，2006 年帝塚山大学，同大学院人文科学研究科教授，2012 年大学院心理科学研究科研究科長，2015 年定年により退職。2018 年 3 月まで客員教授。

　現在帝塚山大学名誉教授，NPO 法人大学院連合メンタルヘルスセンターシニアフェロー，前パナソニック（株）ライフソリューションズ社カウンセリングルーム カウンセラー（1973 年 4 月松下電工（株）カウンセラー，2000 年 4 月–2019 年 3 月ルーム長，2019 年 4 月–9 月アドバイザー），元日本応用心理学会理事長，日本応用心理学会，日本心理臨床学会名誉会員。

　著書に『職業行動の心理学』，『産業心理臨床入門』，『働く人のメンタルヘルス対策と実務』（ナカニシヤ出版），『SDS キャリア自己診断テスト』（日本文化科学社），『仕事とライフ・スタイルの心理学』（福村出版）などの単著，編著など多数を数える。

研究歴：産業心理臨床学を切り拓いた応用心理学者としての足跡

　大学院在籍時に高校生，専門学校生，短期大学生，大学生，在職者を中心に職業行動の問題に注目。1990 年から 2000 年にかけて在職者のライフ・スタイル問題を扱い国際比較研究を試みる。また，高校生については進路意識，大学生も進路や職業意識の問題に焦点を当てた研究を展開，1968 年からはフィールド研究として在職者の意識調査を扱い，ライフ・スタイル研究につなぐ。

　武田正信教授（関西学院大学）の薫陶を受け，まずはミクロの視点から，個人がなぜ働き，生きがい・やりがいは何か，そして働く人たちは何を考え，何を感じ，何を求めて生きていくか・生きようとしているか，という在職者のライフ・スタイルに関する問題について考察を続け，在職者の適応問題にカウンセリングからの接近を試み，他方でマクロ的視点としてフィールド・スタデイからの論考を重ねてきた。このミクロ，マクロの二本柱で研究と実践を展開してきた。

　武田教授をはじめ太城藤吉教授（労研を経て大阪大学，のち関西大学）から徹底的な現場主義を叩き込まれた。また，当時財団法人労働科学研究所の心理部門の責任者であった越河六郎先生からも，研究者は現場に入ってこそ研究ができうると説かれた。これらの指導をベースにして，現在心理系学会で研究を積み重ねている。その中では特に，国内の在職者の研究，労使から要請があった従業員総合意識調査，労働組合による意識調査，そして自ら取り組んできた在職者のライフ・スタイル研究を積み重ね，身近なアジア各地に出向き調査も試みた。

　究極の関心は，働く人たちの適応問題である。

産業心理臨床学の勧め
―現代から未来へつなぐ―

2020 年 3 月 20 日　初版第 1 刷発行　　　　　　　定価はカヴァーに
　　　　　　　　　　　　　　　　　　　　　　　　表示してあります

　　　　　著　者　森下高治
　　　　　発行者　中西　良
　　　　　発行所　株式会社ナカニシヤ出版
　　　　　〠 606-8161　京都市左京区一乗寺木ノ本町 15 番地
　　　　　　　　　　　　　Telephone　075-723-0111
　　　　　　　　　　　　　Facsimile　075-723-0095
　　　　　Website　http://www.nakanishiya.co.jp/
　　　　　Email　　iihon-ippai@nakanishiya.co.jp
　　　　　　　　　　　　　郵便振替　01030-0-13128

装幀＝白沢　正／印刷・製本＝創栄図書印刷株式会社
Copyright © 2020 by Takaharu MORISHITA
Printed in Japan
ISBN978-4-7795-1439-5 C3011